CÓMO TRANSFORMARSE EN Rainmaker

REGLAS PARA CONSEGUIR Y
MANTENER CLIENTES

EDICIÓN 2021

JEFFREY J. FOX

JEFFREY J. FOX

CÓMO TRANSFORMARSE EN RAINMAKER

REGLAS PARA CONSEGUIR Y MANTENER CLIENTES

JEFFREY J. FOX

CÓMO TRANSFORMARSE EN
RAINMAKER
Reglas para conseguir y mantener clientes

Copyright @2021 Jeffrey J. Fox
Todos los derechos reservados.

Ninguna parte de este libro puede ser usada o reproducida de cualquier forma sin permiso del autor por escrito.

Publicado por Jeffrey J. Fox
Amazon Kindle Direct Publishing

Primera edición en inglés: Hyperion 2000
Título Original: How to become a Rainmaker

EDICIÓN 2021
ISBN: **9798472005326**

*Dedicado a Catherine M. Fox
y a Dorothy y Modesto Brunoli,
"porque algunas veces los Rainmakers
necesitan paraguas".*

JEFFREY J. FOX

INDICE

Introducción 11
1 El credo del *Rainmaker* 17
2 Siempre respóndete a la pregunta: "¿Por qué este cliente debería hacer negocios con nosotros?". 19
3 Obedece el primer mandamiento del marketing 22
4 A los clientes no les importas 24
5 Planifica las visitas y comunicaciones de ventas 26
6 Pesca donde estén los peces grandes 30
7 ¡Muestra el dinero! 32
8 Los terremotos no cuentan 37
9 Pregunta esencial # 1 39
10 Siempre elige el mejor asiento en un restaurante 41
11 No bebas café en una comunicación de ventas 43
12 No estás en la reunión para almorzar 46

13 Nunca coloques una lapicera en el bolsillo de tu camisa 48

14 Pregunta esencial # 2 50

15 Los *Rainmakers* transforman objeciones en objetivos 52

16 Realiza siempre recomendaciones para una próxima venta 55

17 Trata siempre a las personas que conozcas como un cliente potencial 57

18 Presta atención a las señales de una compra 60

19 Pregunta esencial # 3 62

20 Siempre responde todas las comunicaciones en el mismo día 65

21 Aprende la fórmula "kilómetros por litro de gasolina" 67

22 Cuidado con el mito del tiempo y el territorio . 71

23 Probar el vino antes de ofrecerlo 73

24 Atrévete a ser tonto 75

25 Siempre produce un análisis del retorno de la inversión 78

26 Nunca lo olvides: Todo el mundo está relacionado 81
27 Siempre sé altamente receptivo 83
28 Profundiza 86
29 Si no es importante la respuesta, entonces no hagas la pregunta 89
30 Nunca te muestres ocupado diciendo que estás en una reunión 91
31 Presta atención a los tiros cortos 93
32 Consejo para cuidadoras de niños (baby sitters) 95
33 Pregunta esencial # 4 97
34 Dar y recibir 100
35 Vende en las tardes de los viernes 103
36 "Romper el hielo" al final de una acción de ventas, no al principio 105
37 Utiliza un sistema de puntuación cada día 107
38 Siempre apunta y tira al arco 109
39 No hagas acciones en frío 112
40 Muestra la cadena y vende el primer eslabón .114

41 No hables con comida en la boca 117

42 Pregunta esencial # 5 119

43 Me encantan los mensajes de voz 121

44 Estaciona en la parte de atrás 125

45 Sé la persona mejor vestida con la que el cliente se reunirá 127

46 Los desayunos producen clientes 129

47 "Le doy mi tarjeta..." 132

48 Pregunta esencial # 6 134

49 Diez acciones que hay que hacer todos los días para obtener negocios 136

50 Cómo reconocer un *Rainmaker* 138

Un extra: cómo monetizar 141

Un caso de negocios: El vendedor de vinos 147

Epílogo 155

Agradecimientos 157

JEFFREY J. FOX 159

Introducción

Debes leer este libro si tu organización necesita más ventas y clientes

Las tradiciones indígenas exaltan al *Hacedor de lluvia*. El *Rainmaker* usa poderes mágicos para producir la lluvia que nutre los campos, limpia y purifica el aire, y cuida la salud de la gente y las comunidades. Sin la lluvia, la gente se debilitaría, moriría o tendría que mudarse a otra parte.

Hoy en día, un *Rainmaker* es una persona que aporta ingresos a una organización, ya sea con o sin fines de lucro. Ese ingreso proviene de clientes. Ese ingreso es el *agua viva*, el elemento vital de la organización. Sin él, la organización moriría.

El dinero de los clientes es la lluvia.

El término *Rainmaker* se usa más comúnmente en servicios profesionales como legal, contabilidad, consultoría, banca de inversión, publicidad y arquitectura. En estas industrias, los *Rainmakers* son las personas responsables de generar la mayoría de los nuevos clientes, los nuevos negocios.

Los *Rainmakers* de gran impacto se encuentran entre los empleados mejor pagados de todas las empresas de todos los sectores. Operan bajo muchos títulos: propietario, socio, vendedores (y toda la gente del área comercial), desarrolladores de negocios, director ejecutivo, agente, gerente general y recaudador de fondos. Si tu objetivo es convertirte en *Rainmaker*, este libro te ayudará a lograrlo.

Hay otro tipo de *Rainmaker*, el empleado, o asociado, colega, miembro del equipo o miembro de una comunidad. Cada empleado debe participar de alguna manera en la identificación, atracción, captación y retención de clientes. Las recomendaciones de este libro se orientan a los vendedores, pero si tienes contacto con los clientes, o trabajas con ellos y apoyas a colegas que tienen contacto con los clientes, este libro te hará más efectivo. Podrás vender mejor tu trabajo, para vender tus ideas a tu organización.

El factor crítico de éxito y el factor más importante en cualquier empresa u organización es tener clientes. Esto es más importante que la idea del negocio, los productos, la tecnología, los edificios, la financiación o las personas. Es el dinero del cliente el que paga el salario de todos, el que paga las capacitaciones, la jubilación, las cuotas sindicales, los bonos y beneficios, las vacaciones, el seguro médico, las computadoras y los muebles de la oficina. Los clientes son conocidos por muchos nombres: consumidores, seguidores, miembros, estudiantes, fanáticos, soldados, feligreses, pacientes, entre muchos nombres más. Independientemente de cómo se llamen, sin clientes, ninguna organización puede seguir sobreviviendo.

Por lo tanto, el trabajo primordial de cada empleado en una organización es, directa o indirectamente, obtener y mantener clientes. ¡Esto es sin excepción la pura verdad!

El trabajo de cada empleado es ayudar a incrementar los ingresos por ventas. El trabajo de cada empleado es hacer que los clientes sigan viniendo y que vuelvan.

Este libro es una receta sobre cómo vender, cómo hacer que llueva, ya sea llovizna o diluvio, rocío o tormenta. Si tu organización necesita ingresos y deseas ser invaluable para tu organización, lee este libro.

Anexo a la traducción del 2021

He decidido no traducir la palabra *Rainmaker* pues considero que somos miembros de una comunidad global donde algunas palabras deberían ser las mismas en todos los países y comunidades.

Rainmaker es una de ellas, es mi recomendación que todas las empresas del mundo tengan *Rainmakers*, **hacedores de lluvia**, me gusta este concepto: *"la lluvia es importante para nutrir los campos, limpiar y purificar el aire, y cuidar la salud de la gente y las comunidades. Sin la lluvia, la gente se debilitaría, moriría o tendría que mudarse a otra parte".*

Un cambio importante que introduje en esta versión en castellano fue cambiar la palabra "llamada" por "comunicación. En los 90 era común que la herramienta más efectiva de venta fuera una llamada telefónica, hoy hay omnicanalidad: la integración de diversos canales de comunicación para la obtención de mejoras en la experiencia de clientes. La tecnología acerca mucha información al cliente y a la persona de ventas. Ahora, ambas partes en una negociación tienen una enorme cantidad de datos para averiguar las características de las personas, empresas, productos, servicios, opiniones, encuestas, precios, comparaciones, competencias y mucho más. Es importante que se indague la información para ser más eficientes, rápidos, y principalmente asertivos.

Antes, un presupuesto tardaba mucho más tiempo que ahora y había menos datos, hoy todas las partes exigen y esperan mucho más.

Los *Rainmakers* están felices de lo fértil que es ahora producir lluvias, se pueden enfocar más mercados, locaciones, y principalmente incrementar el rendimiento de cada acción a desarrollar.

JEFFREY J. FOX

1 El credo del *Rainmaker*

- ✓ Aprecia y cuida a los clientes en todo momento.
- ✓ Trata a los clientes como tratarías a tus mejores amigos.
- ✓ Escucha a los clientes y entiende sus necesidades.
- ✓ Provee a los clientes lo que necesitan.
- ✓ Asigna el precio correcto a tus productos y servicios.
- ✓ Cuantifica y monetiza el valor que recibe el cliente.
- ✓ Enseña a los clientes a describir y desear lo que necesitan.
- ✓ Desarrolla tu producto o servicio de la manera que los clientes lo quieran.
- ✓ Brinda tu producto a tus clientes en los tiempos acordados.
- ✓ Ofrece a tus clientes un "extra" más de lo que esperan, así se transforma en **extra**ordinario.
- ✓ Recuerda a los clientes el valor monetizado que recibieron.
- ✓ Agradece siempre a cada cliente periódicamente con sinceridad.

✓ Ayuda a los clientes con los pagos, para que no se avergüencen y se vayan a otra parte.
✓ Pide ayudarlos y servirlos de nuevo.

2 Siempre respóndete a la pregunta: "¿Por qué este cliente debería hacer negocios con nosotros?"

Nunca te comuniques con un cliente a menos que te puedas responder a la pregunta: "¿Por qué este cliente debería hacer negocios con nuestra empresa, conmigo?".

La respuesta debe ser un beneficio para el cliente. La respuesta debe ajustarse a la agenda del cliente, no a la tuya. El cliente debe hacer negocios contigo porque lo harás sentir bien, o resolverás sus problemas, o ambas cosas. Debe haber, para el cliente, un beneficio comercial y un beneficio personal, a menudo interrelacionados.

Por ejemplo, un beneficio comercial podría ser lanzar antes de lo previsto un nuevo producto en el mercado, incrementando mucho más nuevas ventas. El beneficio personal para el cliente puede ser un ascenso en su trabajo.

Si el beneficio hace que el cliente se sienta bien, entonces, por ejemplo, la respuesta eficaz del vendedor de calderas o gas natural podría ser "El cliente obtendrá habitaciones cálidas y acogedoras". *(El vendedor ineficaz de calefactores cree que el cliente está comprando BTU, British Termal Units, que miden la cantidad de calor que pueden extraer de una habitación).* Otro ejemplo fue cuando Apple con Steve Jobs brindó al mercado un producto para escuchar música: ofreció tener una capacidad de 1,000 canciones en su primer Ipod, no ofreció gigabytes de memoria.

Si tu producto resuelve un problema, la respuesta a la pregunta debe monetizarse y cuantificarse claramente. Si compites con productos globales siempre usa dólares, euros, o una moneda internacional como referencia. Por ejemplo, supongamos que un programa de software permite a un hotel capturar y facturar con mayor precisión cualquier uso de tecnologías dentro del hotel, wifi, servicios de streaming de películas, deportes, y series, juegos, etc. Si ese es el caso, la razón por la que el cliente debería hacer negocios contigo es porque con tu producto generará $ 2 dólares por habitación por noche en ingresos adicionales.

Un *Rainmaker* responde a la pregunta "¿Por qué el cliente debería hacer negocios con nosotros?" calculando los beneficios económicos que el producto le producirá al cliente y calculando las consecuencias para el cliente de no optar por el producto recomendado. Un *Rainmaker* determina cómo el cliente se beneficia directa y personalmente.

Un *Rainmaker* piensa con empatía, se pone en el lugar del cliente y responde a la pregunta "Si yo fuera el cliente, ¿cómo me beneficiaría este producto?".

3 Obedece el primer mandamiento del marketing

El primer mandamiento para conseguir y conservar clientes es tratar a cada cliente como te tratarías a ti mismo. ¿Te gusta que te cobren de más, que no te atiendan, que te hagan esperar, que sobrevendan los servicios que te ofrecen, que te digan que tu habitación no está lista, que no cumplan sus promesas, que te envíen tarde los productos, que te ignoren, que no te agradezcan?

Ponte siempre en la piel de un buen cliente. Responde a la pregunta "¿Qué querría yo si fuera el cliente?". La respuesta te focaliza en lo que deberás esforzarse por brindar.

Esto es importante cuando se trata de un cliente insatisfecho. Cuando tú eres el cliente insatisfecho, deseas una reunión dedicada e ininterrumpida, deseas tratar con alguien con autoridad para solucionar el problema y deseas una resolución justa. No te gusta que te envíen una copia de la política de garantía de la empresa. No quieres que te digan que envíes otra muestra de tu tapizado a la fábrica, que hagas otra limpieza profesional del sofá o que te digan que las manchas son de "naturaleza indeterminada" y que tu reclamo es denegado. Un buen fabricante de sofás guarda una muestra de la tela usada en cada orden de cliente para actuar con previsión frente a reclamos o pedidos de reparación.

Recuerda, los buenos clientes son exigentes. Es posible que esperen más de lo que crees apropiado. Lo que quieren o cómo quieren que los traten puede no ser lo suficientemente para satisfacer a tus clientes, pero es un buen punto de partida.

Cumple tu promesa y harás llover.

4 A los clientes no les importas

En el ámbito de las ventas, a los clientes no les importa si tienes que pagar una hipoteca. A los clientes no les importa si necesitas este negocio para ganar una licitación. A los clientes no les importa por qué tus respuestas han tenido demoras. A los clientes no les importa tus gustos, en qué escuela o universidad estudiaste, o qué deportes practicas o practicaste.

Lo único que les importa a los clientes son ellos mismos y sus problemas. Estás frente al cliente solo porque el cliente cree, aunque sea un poco, que podrías mejorar su situación.

Estás allí solo por invitación. Debes concentrarte en el cliente. Debes estar muy receptivo. No hables de ti; por el contrario, haz preguntas de interés, planificadas de antemano. Escucha lo que dice el cliente. Aclara. Resume. Determina cómo puedes ayudar al cliente y cómo tu producto resuelve sus necesidades.

Los *Rainmakers* comienzan las oraciones con el pronombre "Tú", no dicen "Yo".

5 Planifica las visitas y comunicaciones de ventas

Las reuniones con quienes deciden son eventos relativamente raros. Las reuniones con las personas que toman las decisiones son esenciales para lograr la venta. Debido a esto, las reuniones con un responsable de decisiones deben planificarse con mucho cuidado. La planificación previa es particularmente importante cuando se hace la primera comunicación a un nuevo cliente y cuando se hace la última, la que concluye con un pedido.

El 90 por ciento de todas las acciones de ventas se ganan o se pierden antes de que el vendedor vea al cliente. Esto se debe a que muy pocos vendedores planifican la comunicación. Demasiados vendedores creen que la experiencia es un sustituto de la planificación preliminar; piensan que no lo necesitan. Otros vendedores hacen su planificación en forma improvisada con poca antelación. Otros ni siquiera saben cómo planificar previamente. Algunos no saben que deberían hacerlo.

Los *Rainmakers* nunca desperdician una acción de ventas: siempre planifican con anticipación. Es típico que un *Rainmaker* dedique varias horas a planificar una reunión de ventas de quince minutos. No es infrecuente planificar y practicar durante dos días o dos semanas para una sola comunicación.

Un *Rainmaker* pasó quince días seguidos de ocho horas investigando y planificando una reunión de quince minutos. El objetivo era el director ejecutivo de una empresa líder en una nueva industria. Si esta empresa adoptaba el producto del *Rainmaker*, ciertamente otras empresas de la industria la seguirían. El *Rainmaker* realizó la venta y la utilizó con éxito como historial para cerrar otros clientes. Esa venta salvó la empresa del *Rainmaker* y produjo muchos años de éxito.

Los entrenadores de deportes pasan incontables horas revisando filmaciones de juegos para la preparación de su próximo adversario. Se dice que si Joe Paterno, el aclamado entrenador del equipo de fútbol americano del estado de Pensilvania, tenía dos semanas para desarrollar un plan de juego, su equipo se proyectaba invencible.

Un plan para un *Rainmaker* es como una verificación previa al vuelo para un piloto de avión.

Los grandes pilotos nunca saltean un solo punto de control antes de despegar o aterrizar. Si un piloto pierde algo, ese piloto puede estar perdido. Si un vendedor se olvida de un detalle, es posible que la venta falle. Una lista de tareas de planificación previa debe incluir:

1. Objetivo de la acción de ventas por escrito.
2. Preguntas para hacer de análisis de necesidades.
3. Algo para mostrar.
4. Preocupaciones y objeciones que anticipas que mencionará el cliente.
5. Explicación de las diferencias con respecto a tus competidores.
6. Beneficios significativos para el cliente.
7. Enfoque de la monetización y análisis del retorno de la inversión.
8. Estrategias para manejar las objeciones y eliminar las preocupaciones del cliente.
9. Estrategias para cerrar la venta.
10. Situaciones imprevistas.

Planifica ser flexible. Si después de un minuto de tu presentación de dos horas cuidadosamente preparada, el cliente dice que comprará, deja de hablar, toma el pedido y retírate en forma agradable. No extiendas la reunión, no arriesgues. Si el cliente quiere hacer negocios contigo, pero de una manera completamente diferente a la que esperabas, adáptate al cambio. No estés tan concentrado en seguir tus ideas que termines perdiendo las señales del cliente. Sé flexible.

Un *Rainmaker* nunca llama a los que toman las decisiones sin un plan bien planificado por escrito.

6 Pesca donde estén los peces grandes

Cuando te preguntan: "¿Qué es lo más importante que se necesita al ir a pescar?" la mayoría de la gente dice "cebo", "caña", "anzuelos" y "cerveza". Esos son importantes, ¡pero lo más importante es que haya peces! Puedes tener el mejor bote en el lago más bonito con un equipo increíble, pero si no hay peces, te irás a casa con las manos vacías. Sin embargo, si solo tienes una red vieja y no de tan buen estado, pero en un pequeño estanque lleno de peces, tus posibilidades de captura son mucho mayores.

El lugar donde utilices tu caña de pescar es un factor esencial para la buena pesca. Esto también es válido para las ventas. Los *Rainmakers* pescan donde están los peces grandes. Los *Rainmakers* hablan con clientes que están familiarizados con su producto, o que ya usan el producto, o que tienen una alta probabilidad de usar el producto. No pierdas el tiempo tratando de convencer a los ganaderos de que compren herraduras. Y no pierdas el tiempo vendiendo camas de hospital a hoteles.

Las grandes marcas de una industria suelen ser mejores candidatos que las pequeñas empresas del mismo sector. Los clientes exitosos son generalmente los mejores prospectos comparados con aquellos con dificultades. Los clientes que quieren tu producto son mejores objetivos que los clientes que lo necesitan. (Es posible que los clientes que necesitan tu producto no lo sepan. Deben ser educados, persuadidos. Esto requiere tiempo y dinero. Los clientes que desean tu producto ya están más convencidos de producir la compra antes que los vayas a visitar para venderles).

Para un *Rainmaker*, las grandes ventas son los trofeos para su pared y vitrinas.

7 ¡Muestra el dinero!

Los clientes compran solo por dos razones: para sentirse bien o para resolver un problema. Salir a cenar, comprar un equipo de buceo o conseguir un nuevo cachorro entran en la categoría de "sentirse bien". La motivación de compra predominante para las organizaciones es "resolver un problema".

La solución a un problema siempre se puede expresar en términos financieros en dólares, una moneda de referencia internacional. Si una empresa invierte $100,000 en publicidad, esperan que la publicidad genere $500,000 en ventas. Cuando un fabricante de motores reemplaza una junta tórica de goma barata de $0.08 con una junta tórica de viton de $0.10, esperan ahorrar $0.30 por junta reduciendo los reclamos cubiertos en la garantía. Un cortador de árboles usa una sierra de $900 porque corta cinco veces más rápido que una sierra más barata, lo que le ahorra $50 por día en costos laborales.

Los *Rainmakers* no venden juntas, válvulas, lavadoras, ventanas de doble aislamiento, auditorías fiscales, sistemas de riego, libros, programas de capacitación o palos de golf. ¡Los *Rainmakers* venden dinero! Venden aprovechamiento de tiempos de inactividad, menos reparaciones, mejor rendimiento de kilómetros por un tanque de combustible, mejores intereses financieros, mayor producción, menor uso de energía, más trigo por hectárea, más yardas por golpe en el golf.

Los *Rainmakers* ayudan al cliente a ver el dinero. Los hacedores de lluvia convierten los beneficios en dólares. El plomero que genera la mayor cantidad de ingresos no cobra $50 por sus servicios, vende un sótano limpio y seco por $100, ahorrando una alfombra de $500 dólares al cliente.

Un cerrajero no vende cerraduras, vende seguridad para nuestros objetos de valor. El vendedor de piscinas no solo vende recreación, vende un aumento en el valor de la casa.

El vendedor número uno de una empresa que fabricaba medicamentos para la tos nunca vendió un solo frasco de medicamentos para la tos. Fue, por lejos, el principal vendedor, pero nunca vendió una pastilla para la tos.

La compañía fabricaba productos para personas con resfriados, dolor de garganta, alergias y afecciones de los senos nasales. La empresa fabricaba pastillas para la garganta, pastillas para la tos, gárgaras y aerosoles. La compañía capacitó a su fuerza de ventas sobre cómo funcionaban los productos, todo sobre la química del producto y por qué sus productos eran los mejores. El éxito de la empresa dependía de la cantidad de cajas de medicamentos para la tos y de las gárgaras vendidas. Eso significaba que el éxito de la empresa dependía de la demanda del producto; el número de personas con resfriados.

La empresa puso su producto a disposición del público vendiéndolo a las farmacias, a los propietarios de las farmacias. Para hacer que sus productos fueran más atractivos para el propietario de la farmacia que el medicamento de la competencia, la compañía del vendedor ofreció un incentivo: por cada cinco cajas de productos comprados, el farmacéutico podía obtener una caja de producto gratis (para revender a precios minoristas) o un cheque en efectivo por el precio de compra equivalente a una caja. (La caja o el cheque gratis tenían un valor de $25).

El vendedor se dio cuenta de que sus clientes no eran personas resfriadas. Sus clientes eran los dueños de las farmacias. (Las personas con resfriados eran los clientes de los farmacéuticos). Así que, a pesar de toda la capacitación técnica sobre el producto, a diferencia de sus colegas, el vendedor número uno nunca habló sobre las fórmulas, la fuerza o los aspectos calmantes de los productos.

El vendedor número uno habló con los dueños de las farmacias sobre el dinero.

El vendedor explicó el incentivo de compra de cinco cajas, preguntando a los dueños de la farmacia si preferirían el producto gratis o el dinero (en un cheque bancario). Casi siempre, los dueños de las farmacias optarían por el dinero.

El vendedor no vendió curas para la tos, vendió un cheque de reembolso de $25 por cada cinco cajas de producto comprado. Después de que el dueño de la farmacia accediera a tomar el dinero, el vendedor le preguntaba: "¿Cuánto dinero le gustaría?". Obtener más dinero significaba comprar más productos, y eso es lo que hicieron muchos farmacéuticos.

¡El vendedor número uno vendió dinero! Todos los demás vendedores obsequiaron a los farmacéuticos productos con información fáctica sobre químicos antitusivos para la tos y obstrucción de las vías respiratorias. Estaban muy lejos en la carrera por el concurso.

Muestra siempre el valor del dinero al cliente. Siempre monetiza (consulta *"Un extra: cómo monetizar"* al final de este libro). Cuantifica el retorno del cliente sobre su inversión en tu producto. Calcula las consecuencias financieras para el cliente: el costo de prescindir de tu solución.

Los *Rainmakers* no venden productos; venden el valor *monetizado* que el cliente obtiene de los productos.

Los *Rainmakers* venden dinero.

8 Los terremotos no cuentan

Tú produces la venta, o no la produces. Nadie quiere saber por qué no traes el negocio. A nadie le importa que "hay inflación", que "el cliente se declaró en quiebra", que "la economía es pésima" o que "un gran competidor me ganó".

El cazador llega a casa con la comida o no. Su familia come o pasa hambre. A nadie le importa que "la lluvia borró las huellas de los ciervos".

Un joven gerente de producto captó la atención de la fuerza de ventas de su empresa al ofrecer premios fabulosos por alcanzar cuotas de ventas definidas. Las reglas del concurso eran sencillas: alcanza tu cuota, ganas; si te quedas corto, pierdes. Tres semanas antes de la fecha límite del concurso, un terremoto sacudió la ciudad de Los Ángeles. La oficina de ventas de California sufrió graves daños y la actividad comercial se interrumpió. El equipo de ventas de California no alcanzó su cuota.

California era el mercado más grande de la empresa de este gerente. El equipo de ventas de California tuvo un gran impacto en los resultados de la empresa. El equipo de ventas de California quería los premios, pero el gerente de marca dijo que no. El equipo de ventas de California utilizó toda su fuerza y el poderoso vicepresidente de ventas insistió en que el gerente otorgara los premios a California. El vicepresidente argumentó que el equipo de California no cumplió con su cuota por "solo unos pocos puntos porcentuales" y "sea razonable... hubo un terremoto".

El gerente de producto se mantuvo firme y respondió: "Los terremotos no cuentan".

Al año siguiente, hubo tormentas de nieve récord en Chicago, inundaciones a lo largo del Mississippi, un apagón en la ciudad de Nueva York, escasez de gas natural y crisis políticas en Washington. Al año siguiente, todas las regiones del país alcanzaron su cuota (California ocupó el primer lugar) y todos ganaron un premio.

Los *Rainmakers* no tienen excusas.

9 Pregunta esencial # 1

Una de las cuatro acciones que son inherentes a cada venta es programar una cita con el responsable de tomar decisiones. No se puede producir una venta a menos que se hable con quién decida. Conseguir citas con los encargados de la toma de decisiones a menudo es difícil. Los vendedores a menudo se comunican previamente para programar una conferencia telefónica o una cita. Los verdaderos vendedores saben que es importante una reunión cara a cara.

Hay que hacer las tareas previas. Monetiza la razón por la que el cliente debería hacer negocios contigo. Envía una comunicación de cuatro o cinco oraciones al cliente detallando el beneficio *monetizado* del producto y prometiendo una comunicación de seguimiento. El objetivo de la primera comunicación es que el cliente responda. Los buenos clientes, no ignoran una propuesta de valor económico convincente. Ellos atenderán tu llamada.

Cuando tengas al cliente al teléfono, o en una llamada por video conferencia, o por email, sugiere hacer una reunión y pregunta: "¿Tiene su calendario a la mano para organizar una cita?".

Esta es una **pregunta esencial** porque conduce a esa preciosa reunión más del 90 por ciento de las veces.

Luego pregunta ofreciendo alternativas concretas: "¿Está bien el martes a las tres?". "No". "¿Qué tal el jueves a las ocho y media?". "No". "¿Qué tal el próximo viernes a las tres?". "Perfecto". "Bien, genial, la reunión durará unos veinte minutos. Nos vemos a las tres. Gracias".

Los hacedores de lluvia saben que deben hacer reuniones para hacer que llueva.

10 Siempre elige el mejor asiento en un restaurante

Si invitas un cliente o cliente potencial para un desayuno, almuerzo o cena, siempre elige el mejor asiento para tu persona. Toma el asiento de espaldas a la pared, el asiento que da al campo de golf, al puerto donde están los barcos o a la calle. No produzcas que la atención de tu cliente se desvíe. No distraigas a tu cliente viendo quién va y viene.

Tu cliente debe estar centrado en tu persona y en tus propuestas. Concéntrate que tu cliente se involucre lo más posible en responder tus preguntas y evaluar tus recomendaciones. No produzcas que su concentración o sus consideraciones sean interrumpidas por alguien o algo más interesante que tu paquete de software o máquina de oficina o fondo mutuo o propuesta de diseño o equipo de refrigeración, o producto o servicios que sea que ofrezcas.

Tu cliente ha invertido parte de su valioso tiempo para reunirse contigo. Es de buena educación que optimices su inversión de tiempo y no permitas que se desperdicie con distracciones.

Si el cliente es quien te invita a desayunar, almorzar o cenar, de igual forma elige el mejor asiento.

❙❙ No bebas café en una comunicación de ventas

Una llamada de ventas es una llamada de ventas. No es la hora del té en un salón de hotel. No estás ahí para "hablar del café". Estás ahí para hacer negocios.

La duración de una comunicación de ventas promedio es de dieciocho a veinte minutos. No tienes tiempo para ir a buscar el café, servirlo, agregar la crema o beberlo. Tienes que maximizar el tiempo y concentrarte en tu objetivo. Beber café es una pérdida de tiempo e interfiere con tu presentación. No puedes tomar notas con una taza de café en la mano.

Se programó una reunión de ventas con tres meses de anticipación. Fue difícil conseguir una cita con el apresurado encargado de decisiones que es el responsable de comprar periféricos informáticos de alto precio. El vendedor y un consultor de tu empresa se reunieron a desayunar para planificar la reunión de ventas. Cuando se les ofreció un café, ambos acordaron que agradecerían y declinarían el ofrecimiento.

Ambos llegaron puntualmente y fueron recibidos por el potencial cliente: el gerente de sistemas. El cliente fue amable y preguntó cordialmente si a sus invitados les gustaría un café. "Eso sería genial", respondió el vendedor por ser cortés. Así que caminaron penosamente hasta la sala de café y comenzaron el ritual. Regresaron a la oficina, y el vendedor puso su café en la mesa de trabajo, pero accidentalmente colocó la taza sobre un rotulador de planos. El café se derramó sobre la mesa de trabajo. El cliente se apresuró a guardar los documentos. Se necesitaron toallas de papel.

La conversación de ventas finalmente se reinició. Diez minutos después, todo parecía prometedor: el cliente estaba de acuerdo, necesitaba los productos y tenía el presupuesto. Hubo un golpe en la puerta y alguien del Centro de Cómputos le dijo ansiosamente al gerente que "¡uno de los servidores principales está fuera de servicio!". El cliente potencial se puso de pie de un salto y, mientras se disculpaba cortésmente, invitó al vendedor a llamar por teléfono otro día para ver si podían reprogramar la reunión. Y por la puerta desapareció el cliente... y la venta.

El café acabó con esa venta.

Si el cliente te pregunta si quieres café, di "no, gracias" y ponte manos a la obra.

Y... no bebas café en el avión o en el automóvil, de camino a una visita de ventas. Un derrame puede ser fatal.

12 No estás en la reunión para almorzar

Si estás en una fiesta o salida con los clientes, tú no estás ahí por esa fiesta. Si estás jugando al golf con un cliente, no estás allí para jugar al golf. Estas son reuniones de negocios o citas de ventas o ambas. Se hacen negocios en reuniones de negocios. Algunos vendedores olvidan la prioridad y se pierden hablando de golf. Y en el hoyo diecinueve, en lugar de cerrar el trato, todavía están hablando del tiro del putter de cuatro metros, o de los birdies que se hicieron.

Un almuerzo con un cliente o potencial cliente es una reunión de ventas con una mesa preparada para una comida. Estás ahí para hacer preguntas, escuchar y comprometerte. No estás ahí para probar los camarones grillados o hacer un análisis del menú de un restaurante. No pierdas el tiempo estudiando las alternativas del menú. No le preguntes al camarero cómo se prepara la receta. No le preguntes a la mesera sobre variantes que no están en el menú. La comida no es tu foco, ¡el cliente lo es! Pide algo fácil de comer. Ordena solo un plato. Ordena algo que no sea caro. Está bien si no comes nada. Es de mala educación hablar con comida en la boca. Es descortés mirar tu plato cuando tu cliente está hablando. Y es difícil tomar notas con un tenedor en la mano.

Con amabilidad recuerda que no se trata de almorzar. Se trata de conseguir el compromiso del cliente, recibir el pedido de ventas y pasar a la próxima reunión.

13 Nunca coloques una lapicera en el bolsillo de tu camisa

Es tu primera reunión con un posible cliente. Te preparaste cuidadosamente. Te vestiste elegante. Estás listo para persuadir al cliente para que haga negocios contigo debido a tu meticulosa atención a los detalles.

Tu costosa lapicera de marca, la colocaste en el bolsillo izquierdo de la camisa blanca y te la manchó con tinta. Una mancha azul sorprendente e inesperada se ha convertido en una distracción a la vista para tu cliente. No puede apartar los ojos de tu camisa manchada. No puede involucrarse completamente en tu presentación. Se siente incómodo. Está lamentando tu situación. Es demasiado educado para decírtelo y está nervioso sobre qué hacer cuando descubre la mancha. El cliente espera que la reunión termine pronto. Quiere evitar ser testigo de tu inevitable incomodidad.

Tu lapicera hizo que perdieras la venta.

Y tampoco quieres manchas en tu camisa. Usa camisas sin bolsillos y guarda tus lapiceras junto a tu computadora y notas.

Los *Rainmakers* no hacen nada que pueda distraer las probabilidades de realizar la venta.

14 Pregunta esencial # 2

Después de un trabajo exhaustivo y un análisis profundo de las necesidades y requerimientos, el *Rainmaker* sabe si tiene una solución para el problema del cliente. Un *Rainmaker* debe haber *monetizado* la solución y saber cuánto dinero ganará el cliente por adquirir la solución y cuánto le costará prescindir de la misma.

Un *Rainmaker* entiende que a veces un cliente ignorará los datos o no se involucrará al proceso de toma de decisión, lo que impedirá la venta. El cliente debe estar comprometido y debe estar de acuerdo.

Para involucrar al cliente y comenzar la cadena necesaria de acuerdos y compromisos, un *Rainmaker* hace una pregunta poderosa que aprovecha el sentido de libre albedrío e independencia que es parte de la naturaleza humana.

Un *Rainmaker* pregunta al cliente: "Según el análisis, parece que puede ahorrar $180,000 al año con la solución. ¿Puedo asumir que probablemente hay una serie de cuestiones que deben desarrollarse antes de que se sienta completamente cómodo con este análisis? Bien, entonces, antes de que profundicemos en esto, ¿puedo obtener su acuerdo sobre el análisis? ¿Puede analizar los datos y por sí mismo verificar si tienen sentido?".

Esta es una pregunta de ventas esencial.

Cuestionar al cliente "¿decidirá usted mismo?" es casi retórico porque la respuesta es aparentemente obvia. Sin duda, el cliente decidirá por sí mismo. Entonces responderá que sí, y pensará en silencio o tal vez dirá en voz alta: "Por supuesto que decidiré por mí mismo".

Si los datos confirman el análisis del vendedor de ahorrar $180,000, entonces para que el cliente rechace la solución, debe contradecir su respuesta y admitir que no puede decidir por sí mismo. Esta es una admisión que la mayoría de los clientes no harán.

Al aceptar decidir por sí mismo, el cliente elimina la opción de no decidir. El cliente ahora está comprometido y no puede ignorar los datos presentados. De una forma u otra, el cliente tomará una decisión. Si la solución lo beneficia, como debe ser, el cliente comprará.

15 Los *Rainmakers* transforman objeciones en objetivos

Los clientes siempre tienen inquietudes o problemas que deben solucionarse antes de comprar. Están preocupados por el precio, la factibilidad, la entrega, la confiabilidad, el tamaño, el color, la garantía, la disponibilidad y muchas otras cuestiones. Estas preocupaciones a veces se expresan y otras veces no. Estas preocupaciones varían según el cliente y varían en importancia. Una preocupación que es un factor crítico para un cliente es un detalle para otro. Estas inquietudes son objeciones previas a la compra y a las propuestas y alternativas del vendedor, cualesquiera que sean. Cuando el cliente dice: "El motor hace demasiado ruido", se opone al ruido del producto. Cuando el cliente dice: "No me gusta el bosque verde", se opone al color.

Los *Rainmakers* agradecen las objeciones de los clientes porque saben que las objeciones son simplemente la forma en que los clientes expresan sus deseos. Un *Rainmaker* sabe que cuando el cliente dice:

"Su precio es demasiado elevado", el objetivo del cliente es obtener un descuento, o un valor adecuado por el dinero invertido. La objeción le indica al *Rainmaker* que el cliente aún no tiene suficiente información para tomar una decisión definitiva de compra. Un Rainmaker no ofrece descuentos, deben ser solicitados por los clientes. Que el cliente sea quien te pide un descuento, no se lo ofrezcas tú. Ofrece formas de pago en vez de descuentos.

Un *Rainmaker* siempre convierte la objeción de un cliente en un objetivo mutuo en la relación. Un *Rainmaker*, en forma de pregunta, reafirma la objeción del cliente como un objetivo. Para ejemplificarlo podríamos describir que un cliente dice: "Su tiempo de entrega es demasiado largo". El *Rainmaker* respondería: "Entonces, nuestro objetivo es conseguirle el producto cuando lo requiera, ¿correcto?".

Solo los *Rainmakers* comprenden la brillante sutileza de convertir las objeciones en objetivos. Primero, esta técnica cambia el tono del lenguaje desafiante a colaborativo. En segundo lugar, la respuesta afirmativa del cliente es un acuerdo, una invitación a continuar la conversación. En tercer lugar, un *Rainmaker* ahora puede hacer más preguntas para comprender perfectamente la preocupación del cliente y pasar a una solución mutuamente aceptable. Por ejemplo, un *Rainmaker* podría preguntar:

"¿Cuándo exactamente necesita el producto?". Luego podría decir: "Si se compromete hoy a un acuerdo de compra de seis meses, podemos programar los envíos mensuales, asegurando así que reciba el producto el primer día del mes, todos los meses. ¿Por qué no intentamos esto durante seis meses?".

Los *Rainmakers* creen que las objeciones son la forma disimulada en que los clientes producen los pedidos de ayuda e información. Los *Rainmakers* fomentan las objeciones, especialmente las no expresadas o implícitas. Los *Rainmakers* saben que la venta no se puede realizar hasta que todas las inquietudes de los clientes, por triviales que parezcan, se resuelvan satisfactoriamente. En consecuencia, si no se realiza la venta, los *Rainmakers* siempre preguntan: "¿Hay algo más que le preocupe?". O, "¿Qué más puede estar dificultando seguir adelante?".

Los *Rainmakers* siempre investigan las objeciones. A los hacedores de lluvia les encantan las objeciones.

16 Realiza siempre recomendaciones para una próxima venta

El *Rainmaker* siempre está pensando acerca de cómo su empresa puede ayudar las ventas, beneficios, o el bienestar de los clientes. Un *Rainmaker* sabe que la continuidad del éxito del cliente es la única base para el éxito del *Rainmaker*.

El *Rainmaker* siempre está alerta para el próximo desafío, el próximo encargo, la próxima venta. El hacedor de lluvia sabe que las ventas más fáciles son a los clientes actuales. Los clientes actuales conocen al vendedor; tienen una inversión emocional en él y en su empresa. Después de todo, el cliente ya se arriesgó y contrató o compró un producto de la empresa que produce la lluvia. El cliente conoce los antecedentes si el *Rainmaker* y su empresa cumplieron sus compromisos. Si la empresa del *Rainmaker* cumplió las expectativas, el cliente estará agradecido. Los clientes agradecidos son clientes leales.

A mitad de un proyecto con un cliente, un *Rainmaker* propone otra forma en que su compañía puede ayudar al cliente. Este documento se denomina la carta de recomendaciones de "mitad del trabajo, próximo trabajo". Presentar un memorando de "próximo trabajo" es una regla de los *Rainmakers*.

Un paisajista, en medio de la colocación de césped en el jardín, sugiere una pared de roca para reducir la desagotes pluviales y mejorar la propiedad. Un servicio de catering, abrumadoramente ocupado sirviendo una fiesta de mediados de año, le recuerda a su anfitrión que la Navidad está a solo cinco meses. La abogada, sumergida en los detalles de un complicado plan patrimonial, le pregunta a su cliente si su bufete puede realizar los trámites de la compra de su próxima vivienda.

Tu cliente no sabe todo lo que puedes hacer por él. Solo tú lo sabes. Para cuando estés a la mitad de tu trabajo actual, deberías ya saber de qué otra manera puedes ayudar a tu cliente. Cuando estés en el medio de un trabajo, comienza a vender el siguiente.

Los *Rainmakers* siempre tienen un plan de acción para las próximas ventas a mitad de los trabajos actuales.

17 Trata siempre a las personas que conozcas como un cliente potencial

Los *Rainmakers* ven el mundo, y a todos los que lo integran, como su mercado. Los que hacen la lluvia saben que el mundo es pequeño. Saben que todo el mundo conoce a alguien. Saben que cualquiera puede convertirse en cliente, o referir a un cliente, o recomendar a un cliente, o echar a perder una relación prometedora.

Los *Rainmakers* tratan a los no clientes como tratan a los clientes existentes. Son amables con todos. Los hacedores de lluvia ven a todos como personas que pueden influir de alguna forma. Saben que los negocios pueden venir de lugares inesperados. Saben que algo que hicieron hace diez años podría resultar ahora en negocios.

No hay "gente sin importancia" para un *Rainmaker*. No regañan al camarero porque tarden en servir. No se enojan con la persona en el escritorio de la aerolínea pues se retrasa o se cancela un vuelo. Todos son tratados con cortesía. Un *Rainmaker* es tan respetuoso y educado con el tipo que corta el césped como con el presidente de la empresa que fabrica las cortadoras de césped.

Un vendedor de cables tenía una buena relación con los directivos de una empresa cliente en Florida. La primera persona que veía en cada reunión de este cliente era la recepcionista de la empresa, una joven eficiente y organizada. Parte de su trabajo consistía en organizar el calendario de reuniones con los vendedores. Aunque ella no era la persona que adquiría los productos, y nunca participó en la toma de decisiones, el vendedor siempre la trató con cortesía. El vendedor siempre esperaba pacientemente si las reuniones se retrasaban, sin hacer nunca demandas insistentes, como hacían otros vendedores. El vendedor nunca dio a entender su importancia al mencionar el nombre del vicepresidente ejecutivo, la persona a la que estaba allí para ver, como hicieron otros. El vendedor siempre agradecía a la recepcionista su ayuda y siempre se aseguraba de despedirse de ella.

Dieciocho años después, la recepcionista se convirtió en la vicepresidenta ejecutiva de la empresa. Gracias a su influencia, su empresa se convirtió en la cuenta más grande del vendedor de cables.

No produzcas enemigos innecesarios. No hables mal de la gente. ¿Por qué ser desagradable? ¿A quién ayuda alguna vez un comportamiento desagradable? Las personas agradables suelen parecer autocontroladas y seguras. A los clientes les gusta eso.

El hacedor de lluvia sabe que cualquiera puede ayudar o perjudicar.

18 Presta atención a las señales de una compra

Una "señal de compra" es algo que un cliente hace, que indica su disposición a comprar. Cuando le solicitas a un grupo de vendedores que indiquen las señales de compra más destacadas (más importantes), generalmente enumerarán "el cliente sonríe", "el cliente pregunta sobre los términos", "el cliente hace preguntas técnicas", "el cliente dice que sí," y así muchas otras. Todas estas señales de compra son importantes. Pero la mayor señal de compra es cuando el cliente accede a verte. La mayor señal de compra es la reunión producida por una comunicación de ventas.

Los encargados de decisiones de hoy en día suelen estar demasiado ocupados para ver a un vendedor a menos que tengan un problema. Los clientes ocupados no verán a un vendedor para charlar o hablar sobre eventos deportivos. Los clientes ocupados no están haciendo una encuesta sobre la última moda de vestimentas. Si el cliente accede a verte es porque quiere algo, necesita algo, tiene un problema. Es tu trabajo, el trabajo del *Rainmaker*, averiguar qué necesitan.

Descubre lo que quiere el cliente en la reunión. Cuando el cliente accede a reunirse contigo, sabe que se trata de una reunión de ventas, sabe que eres un vendedor. El cliente sabe algo sobre tu producto. El cliente sabe algo sobre tu competencia. En consecuencia, el momento de verte es un momento para hacer negocios.

Los *Rainmakers* comprenden esta realidad y les da una confianza fundamental para realizar la venta.

Y siempre asiste. Nunca desaproveches una reunión de ventas. Nunca llegues tarde.

19 Pregunta esencial # 3

El cliente te dice: "También estamos entrevistando (o trabajando con, o comprando a) la empresa ABC. Son una buena empresa y sus precios son mejores que los tuyos".

En realidad, el cliente está diciendo: "Dime por qué debería hacer negocios contigo". El cliente ya sabe que ABC es una buena empresa. El cliente ya sabe que los precios de ABC son mejores que los tuyos. ¡El cliente sabía esto antes de aceptar verte! Entonces, ¿por qué el cliente aceptó verte? El cliente accedió a verte porque hay algo en ABC que lo incomoda. Debes encontrar la razón de ese malestar.

Debido a que tú has planificado previamente la reunión, estás preparado para saber en qué se diferencia tu empresa de ABC.

Responde exactamente de la siguiente manera: "Sí, son una buena empresa. ¿Le gustaría conocer las diferencias?". Esta es una pregunta de ventas esencial.

Tu respuesta no golpea al competidor. Hacerlo sería menospreciar el conocimiento del cliente. De hecho, ni siquiera debes repetir el nombre del competidor.

El cliente responderá que sí porque esta es precisamente la pregunta que quiere que tú le respondas. Quiere saber la diferencia entre tú y ABC para poder decidir si compra tus productos.

Tu respuesta, tu punto de diferencia, será para siempre lo que el cliente piense de ti frente a la competencia. Serás dueño de esa posición.

Tu punto de diferencia (PD) debe ser una característica que te diferencie con el competidor. No tiene por qué ser algo mejor o peor que lo que hace el competidor, solo diferente. Tu PD puede ser información, o un nuevo enfoque, que el cliente no conoce. Con información nueva y diferente, el cliente puede cambiar de opinión sin exponerse a las críticas.

El director de una escuela preparatoria privada en Connecticut sabía que competía con excelentes escuelas por atraer buenos estudiantes. En las reuniones con los futuros estudiantes y sus padres, el director preguntaba qué otras escuelas estaban analizando. Como era de esperar, se mencionaría el nombre de una excelente escuela. El director se pondría pensativo (pero sin asentir con la cabeza, lo que sugeriría aprobación) y luego preguntaba: "Sí, conozco esa escuela. ¿Les interesaría conocer nuestros puntos de diferencia?".

El director decía entonces: "Nuestro punto de diferencia es que nosotros ponemos esfuerzo en la concentración. ¿No estaría de acuerdo en que una mayor concentración en los estudios facilitará la entrada y el éxito en una buena universidad?".

Los especialistas en marketing que dicen "yo también" son vagos, no creativos y/o tienen un complejo de inferioridad. Los *Rainmakers* siempre encuentran la diferencia. Los *Rainmakers* siempre invitan a los clientes a evaluar algo diferente. Y esa diferencia es solo eso: una diferencia. No tiene por qué ser "mejor". El cliente necesita ver una diferencia, nueva información, para que pueda cambiar de opinión o cambiar la opinión de sus colegas. A algunas personas les gusta la tarta de arándanos y a otras les gusta la de manzanas. Cada una es diferente de la otra, no necesariamente mejor. Entonces, cuando el cliente le dice al vendedor de tarta de arándanos: "Me gusta la tarta de manzanas", el vendedor debe responder: "Bien, ¿te gustaría saber nuestra diferencia? A diferencia de cualquier otro tipo de pastel, este pastel está hecho con arándanos silvestres frescos. ¿Te gustaría probar una pieza?".

Los *Rainmakers* venden lo que es diferente.

20 Siempre responde todas las comunicaciones en el mismo día

Responder todas las comunicaciones el mismo día que se produjeron no es solo cortesía, sino también es un factor crítico de éxito. Pero no mucha gente lo hace. Los *Rainmakers* contestan las comunicaciones siempre el mismo día. Responden a todos por igual: clientes, prospectos, proveedores, aspirantes de empleo, familiares, amigos. Los *Rainmakers* no son demasiado grandes, demasiado importantes, demasiado ocupados para nadie.

Responder a la brevedad es un punto de diferencia.

Cuando responde una comunicación, email, mensajería instantánea, llamados, redes sociales, con velocidad, las personas se sienten respetadas, importantes, escuchadas. Cuando uno no responde en el día la persona que le escribió o llamó siente que no le importas, se puede sentir nerviosa o menospreciada, y esto produce una actitud menos positiva hacia ti.

No hay excusa para no responder, tenemos la ventaja de tener muchos medios para hacerlo. Ahora hay mensajes de voz, correos electrónicos, redes sociales, y teléfonos y redes Wifi en aviones. Casi siempre es cortés y recomendable dejar un mensaje de voz.

A los *Rainmakers* les encanta dejar mensajes de correo de voz los fines de semana y antes y después del horario comercial. Esto muestra que el *Rainmaker* está pensando en el cliente y trabajando para él todo el tiempo. También permite que un *Rainmaker* tenga más tiempo para prepararse mejor para la próxima conversación.

La tecnología registra la hora y la fecha de una comunicación. Las llamadas realizadas a las 6:15 de la mañana o a las 11:10 de la noche llaman la atención. Tu cliente tomará nota y lo recordará.

Con la inmensa cantidad de herramientas de comunicación actuales hay que ser prudentes y organizados.

El objetivo es siempre responder en el mismo día y hacer sentir importante y especiales a todos.

21 Aprende la fórmula "kilómetros por litro de gasolina"

Vender es un recorrido cronometrado. El destino del vendedor suele ser una cuota, una meta, una cantidad necesaria de ingresos. La duración del viaje suele ser un año fiscal, una fecha límite para generar ingresos (por ejemplo, para cumplir con los pagos del próximo mes) o el ciclo de ventas de un producto.

Este viaje cronometrado es como un viaje en automóvil. La duración del viaje es el número de kilómetros entre el inicio y la llegada. El viaje de ventas es el ingreso en dólares que se genera desde el comienzo del período de venta hasta el final.

El tanque de gasolina es el número de reuniones, comunicaciones, y acciones de ventas disponibles del vendedor. Los "kilómetros por litro de gasolina" son la relación entre las acciones y las ventas producidas. Si el automóvil tiene 50 litros de gasolina y recorre 10 kilómetros por litro, el automóvil puede viajar entonces 500 kilómetros. Si el vendedor tiene 300 acciones de ventas disponibles en un año (número de días de venta multiplicado por la cantidad promedio de acciones por día) y tiene una relación de llamadas a cerrar de 20:1 (es decir, 20 acciones por cada venta), entonces el vendedor puede realizar 15 ventas por año. Si el vendedor, en este ejemplo, no puede aumentar el total de acciones de ventas disponibles o mejorar su índice de proporción de ventas, entonces el potencial de ventas es de quince ventas... no dieciséis.

Un *Rainmaker* comprende esta realidad matemática, su mejor herramienta son las planillas de cálculo. En consecuencia, este *Rainmaker* planifica hasta veinte llamadas a un cliente objetivo y no llama a más de quince objetivos.

El *Rainmaker* pesca donde están los peces grandes. Esto significa que un *Rainmaker* llama a los clientes con un potencial de ventas lo suficientemente grande como para que, si se cierra, los ingresos resultantes alcancen las metas esperadas.

Menos del 5 por ciento de todos los vendedores (y de todas las organizaciones de venta) comprenden este concepto intelectualmente, saben cómo calcular las matemáticas, usan planillas de cálculo, y saben cómo priorizar las probabilidades o tienen la disciplina de un *Rainmaker*. El noventa y cinco por ciento de todos los vendedores se dispersarán al llamar a demasiados potenciales clientes y no asignar suficientes acciones concretas para cerrar cada venta.

Por lo tanto, se quedarán sin gasolina y no alcanzarán su objetivo.

Tu número disponible de acciones de ventas es tu tanque de gasolina, tu capital de ventas. Si un constructor de viviendas necesita una hipoteca de $140,000 para completar la casa, y su banquero solo presta $130,000, ¿qué debe hacer el constructor? ¿Dejar de hacer el piso o el techo? Es mejor prestar $141,000 que $139,000. Lo mismo ocurre con las ventas. Si se necesitan diez acciones de ventas para cerrar, no planee ocho. Si se necesitan diez acciones para realizar una venta, entonces es mejor no hacer llamadas que hacer nueve.

En el mercado del arte y la pintura, una vez se necesitaron 14 reuniones de ventas para que un coleccionista invirtiera en una pieza de museo. Por lo tanto, el índice de visitar por venta fue 14:1. Si el vendedor hiciera 130 reuniones y comunicaciones con 10 coleccionistas, sería una proporción 13:1, que producirían cero ventas. Pero si el produce 14 acciones a 9 cuentas, en una proporción de 14:1, entonces realiza 9 ventas.

Debes determinar cuántas llamadas de ventas, o litros de gasolina, tienes en tu tanque. Debes maximizar tus kilómetros por litro, tu relación de llamadas a cerrar.

Utiliza las matemáticas, sé un experto con las planillas de cálculo, y los números te ayudarán con tus metas.

Los *Rainmakers* no planean un viaje de 500 kilómetros cuando tienen gasolina para la mitad.

22 Cuidado con el mito del tiempo y el territorio

Hay muchos libros sobre cómo los vendedores pueden optimizar su tiempo y gestión del territorio. Hay cursos de ventas que se imparten todos los días y que enseñan a vendedores cómo visitar clientes en forma eficiente. Hay coaches y conferencistas en todas partes dando conferencias sobre cómo un vendedor puede cubrir mejor todas las cuentas de un territorio.

Mejorar la gestión del tiempo y territorio (T&T) es un ejemplo de cómo hacer bien lo contrario a lo que hay que hacer. La gestión del tiempo y del territorio es un concepto antiguo tanto para los vendedores "puerta a puerta" como los viajantes. Su relevancia hoy es como una herramienta de productividad utilizada magníficamente por empresas como UPS y FedEx.

La gestión del tiempo y el territorio distrae a los vendedores. La teoría hace que los vendedores, y los gerentes comerciales, crean que de alguna manera es incorrecto no comunicarse con todas las buenas cuentas potenciales en un territorio. T&T envía demasiados vendedores a demasiadas cuentas, lo que da como resultado que muy pocas cuentas reciban la cantidad óptima de acciones para generar nuevas ventas.

Visitar muchos potenciales clientes es una excusa socialmente aceptable para no alcanzar la cuota. Entreviste a una fuerza de ventas e inevitablemente escuchará a los vendedores quejarse: "Mi territorio es demasiado grande".

¿Cómo puede ser un problema que un territorio sea "demasiado grande"? ¡Un problema real es si un territorio, medido en potencial, es demasiado pequeño!

No se despide a nadie que traiga el negocio... independientemente de la cantidad de cuentas a las que recurran. Pero muchas personas son despedidas si no llenan de ingresos la caja registradora, a pesar de trabajar duro y llamar diligentemente en todas las cuentas.

Los *Rainmakers* concentran sus acciones en las cuentas de mayor potencial. Hacer el 100 por ciento de sus llamadas en un solo potencial cliente es una gestión perfecta de T&T.

23 Probar el vino antes de ofrecerlo

Ésta es una lección sobre planificación para prevenir fallas.

Una cata de vinos es un evento de marketing que utilizan las bodegas para vender vinos. Una cata de vinos es cuando las personas influyentes en la venta de vino (minoristas, críticos de vinos, sommeliers, enólogos) prueban el producto. A menudo, el vino presentado es uno nuevo, o representativo de una cosecha que acaba de salir al mercado, o el primer lanzamiento de una nueva bodega. Si el vino sabe bien, los catadores influyentes se verán influidos para que compren el vino o promocionen la bodega.

Imagínese la escena: el enólogo abre una botella y vierte el contenido en las copas de diez redactores de revistas de vinos. Para consternación de todos, el vino es amargo. Mientras el enólogo se apresura a abrir otra botella, los periodistas toman notas. La segunda botella de vino está bien, al igual que las siguientes, pero el daño ya está hecho.

Nunca asuma algo que pueda chequear antes. Ponga atención a los detalles. Súbete las mangas y ensúciate las manos. Si el proyecto es importante, cada detalle es importante. Las obras de Broadway se ensayan exhaustivamente. Los pilotos experimentados siempre completan una lista completa de verificación previa al vuelo. Siempre revise la lámpara del proyector antes de hacer una presentación. Siempre revise el micrófono antes de dar un discurso. Antes de mostrar su sitio web de comercio electrónico a un posible inversor, asegúrese de que funcione. Siempre planifique con anticipación una acción de ventas.

La policía y personal de una corte de justicia llaman a un exitoso abogado criminalista "una empresa de mudanzas". Este abogado no deja nada librado al azar. Antes de cada juicio, visita la sala del tribunal y, según su estrategia, acerca o aleja la silla de su cliente del jurado. Coloca las mesas a la luz del sol o a la sombra. Habla en voz alta, comprobando la acústica. Está probando el vino. A diferencia del desafortunado enólogo, cuando el abogado comienza su audiencia, el jurado saborea el producto.

Los *Rainmakers* siempre prueban en privado en forma previa lo que van a vender en público.

24 Atrévete a ser tonto

La mayor crítica de los clientes a los vendedores es que los vendedores no hacen suficientes preguntas. Las preguntas planificadas y practicadas son flechas de plata en el arco de un vendedor. Las buenas preguntas hacen que el cliente hable, obtienen información, permiten que el vendedor escuche y entienda y demuestre a los clientes el interés genuino del vendedor.

Si un vendedor no hace un diagnóstico adecuado, no podrá realizar la prescripción correcta. Hacer muy pocas preguntas es prepararse a fallar. Entiende a la detective que cuenta su mayor temor mientras realiza una investigación: "Siempre tengo miedo de no hacer la única pregunta importante que soluciona el caso".

Hay varias razones por las que demasiados vendedores hacen muy pocas preguntas. Los vendedores ineficaces no preparan suficientes preguntas en la planificación previa No escriben las preguntas. Piensan erróneamente que hacer preguntas es entrometido, invasivo, impertinente. Los vendedores ineficaces asumen que ya conocen las respuestas. Algunos realmente conocen las respuestas, pero eso es irrelevante. Y algunos vendedores temen que hacer preguntas los disminuya, los haga parecer menos expertos.

Todas estas razones están equivocadas y son inaceptables. A los clientes les encantan las preguntas. A los clientes les encanta hablar. Los clientes se sienten más seguros con el vendedor que hace preguntas, con quien escucha y toma notas.

Para el cliente interesado con una necesidad puntual, no existen las preguntas tontas. Así que atrévete a ser tonto. No asumir. Incluso si tiene la sensación perfecta de un problema, haga preguntas para que el cliente sepa que lo comprende.

Año tras año, el principal vendedor de una empresa de adhesivos es un tipo al que llaman Columbo (en honor al personaje de televisión). Este *Rainmaker* tiene dos títulos en ingeniería, más un posgrado en ingeniería mecánica. Sabe cómo se hacen las cosas. Puede desarmar cualquier cosa y volver a armarla. Conoce resortes, sujetadores, sellos, válvulas, planos, maquinaria.

Aún con muchos años de experiencia y su capacidad para resolver un problema instantáneamente, hace lo que sus colegas piensan que son preguntas tontas:

"¿Cómo haces esta parte?".

"¿Por qué lo haces de esta manera?".

"¿Cómo se ensambla la pieza?".

"¿Por qué pones ese perno allí?".

"¿Cuánto te cuestan los tornillos?".

"Si pudiera eliminar un perno por ensamblaje con un método menos costoso, eso le ahorraría dinero, ¿correcto?".

"Si puedo mostrarle cómo sujetar el conjunto tan bien como está ahora, pero con un costo menor para usted, ¿estaría interesado?".

Y así hasta el final.

Este *Rainmaker* hace suficientes preguntas "tontas" para convertirse en el vendedor mejor pagado de la empresa.

25 Siempre produce un análisis del retorno de la inversión

El análisis del retorno de la inversión es una poderosa herramienta de venta diseñada para conseguir nuevos clientes y aplicaciones. El análisis de retorno de la inversión calcula los beneficios económicos que obtendrá tu cliente al utilizar tu solución.

Si tuvieras dos opciones de inversión de igual riesgo, una con un rendimiento del 5 por ciento y la otra con un 10 por ciento, ¿dónde invertirías tu dinero?

El concepto de retorno de la inversión es simple y es la base de casi todas las decisiones de compra comerciales. Un *Rainmaker* lo sabe y usa la aritmética para mostrar al cliente cómo una inversión de $2,000 en un torno ahorrará $1,200 al año en menos desperdicio. El desperdicio reducido es el beneficio. Los $1,200 son la monetización de ese beneficio. En este escenario, el cliente obtiene un retorno de la inversión del 60 por ciento anual.

Cuanto mayor sea el retorno de la inversión del cliente, más atractivo será para el cliente comprar, es decir, realizar la inversión. Un análisis de retorno de la inversión calculado correctamente muestra al cliente lo que le está costando por día prescindir de la solución. En el ejemplo del torno, el cliente obtiene $1,200 en ahorros. Al cliente le cuesta $100 al mes no comprar el torno.

Mostrarle al cliente lo que cuesta por mes, semana o día que implica no adoptar la solución propuesta reduce el ciclo de ventas.

El análisis de retorno de la inversión ayuda a tu cliente a vender tu solución dentro de su organización. Por lo general, hay de ocho a doce responsables de decisiones ocultos (influenciadores) que necesitan decir que sí. Ya sea que vendas una centrífuga de laboratorio farmacéutico por $500,000 o un perno de acero inoxidable por $0.05, tu cliente deberá justificar la decisión de ir con sus productos. El cliente utilizará el análisis de retorno de la inversión para convencer a sus colegas.

Un *Rainmaker* utiliza el análisis de retorno de la inversión para mostrar el costo real (versus el precio) del producto. Un *Rainmaker* no vende productos. Un *Rainmaker* vende lo que el cliente obtendrá del producto. Un *Rainmaker* no vende taladros, vende agujeros... y agujeros que cuestan $0.02 menos costosos de perforar.

JEFFREY J. FOX

26 Nunca lo olvides: Todo el mundo está relacionado

Era un lugar típico para almorzar. Había un mostrador, boxes y mesas. El menú, un collage de fotografías de sándwiches y helados, estaba plastificado. Los precios eran razonables. Los camareros incluían a un grupo de jóvenes que trabajaban durante el verano. El restaurante estaba en una zona próspera.

Un cliente estaba molesto por algo. Estaba enojado con una de las jóvenes camareras. Era ruidoso, grosero y desagradable. ¿Quizás había cometido un error en la factura o no había suficiente ingrediente en su ensalada? Fuera lo que fuera, su reacción exagerada hizo que la camarera se llenara de lágrimas. El tipo finalmente tiró algo de dinero y salió.

Otros tres jóvenes vieron lo que sucedió. Uno detrás del mostrador dijo: "Conozco a esa persona. Lo he visto en la oficina de mi padre".

Sorprendentemente, cada uno de los cuatro jóvenes tenía un padre que era médico. Descubrieron por el padre de uno de ellos que el cliente enojado era un vendedor de una compañía farmacéutica. En ese momento, cada joven planeó decirles a sus padres que no hicieran negocios con ese vendedor.

Ser amable con alguien puede no producir un cliente. Pero ser rudo, o no ser amable, con alguien podría ayudar a perderlos.

Los *Rainmakers* hacen amigos, no enemigos.

27 Siempre sé altamente receptivo

Tu principal trabajo es escuchar a tus clientes. Debes escuchar con precisión lo que dicen y lo que no dicen. Debes ser muy consciente de todas las señales verbales y no verbales. Debes averiguar lo que el cliente quiere, necesita y no quiere. Debes aprender cómo y cuándo puedes ayudarlo.

Para hacer esto, debes observar y escuchar a tu cliente con tanta sensibilidad y atención como un equipo de inteligencia monitorea los movimientos y la comunicación de soldados en un campo de batalla. Como el más sensible de los receptores, debes estar en un estado de máxima recepción. No dejes que nada se te pase; incluso un comentario casual y espontáneo puede brindarte mucha información.

Haz preguntas interesantes. Escucha cuidadosamente. No sueñes despierto. No divagues mentalmente cuando el cliente te esté diciendo algo que has escuchado cientos de veces antes. No empieces a hablar hasta que el cliente haya dejado de hablar por completo. No pienses en lo que vas a decir a continuación. Toma nota.

Apaga tu teléfono celular o ponlo en modo silencioso antes de reunirte con un cliente. Un teléfono que suena es una gran interrupción, es descortés y rompe la concentración.

Una mujer estaba entrevistando proveedores para remodelar una casa. Ella había escrito cuidadosamente sus objetivos de decoración. Quería asegurarse de que el contratista que eligiera escuchara sus ideas, pudiera ofrecer sugerencias, tuviera tiempo para hacer el trabajo y fuera accesible. Los contratistas a los que llamó fueron recomendados por personas de su confianza.

Cada contratista llegó a tiempo, tomó notas, hizo preguntas. Durante una discusión sobre los colores y tamaños de baldosas, uno de los teléfonos de los potenciales proveedores sonó e interrumpió la conversación.

Dos días después los proveedores enviaron por email sus propuestas, calendario y oferta. La oferta del contratista que había dejado sonar su teléfono fue la más baja con una diferencia de $1,500. La mujer eligió al otro. Explicó su elección: "Ambas empresas eran buenas. Pero si atender el teléfono es más importante que mi tiempo, ¿por qué debería hacer negocios con ellos? Debería ser la máxima prioridad cuando estás hablando con alguien".

Las tres palabras más importantes en la mente de un hacedor de lluvia son "escuchar, escuchar, escuchar" y hacerlo en "máxima recepción".

Los *Rainmakers* se concentran en los clientes. Los *Rainmakers* prestan atención personalizada. Para un *Rainmaker*, el cliente es el rey y la visita de ventas es una invitación a la corte del rey.

28 Profundiza

Para tener éxito, un *Rainmaker* primero debe llegar a la esencia, al núcleo de lo que el cliente necesita. El *Rainmaker* debe encontrar el problema. El *Rainmaker* debe comprender todas las preocupaciones, deseos, miedos y límites del cliente. El *Rainmaker* no puede recetar hasta que diagnostique. El *Rainmaker* no puede convertir la necesidad del cliente en un deseo hasta que sepa valorizar y monetizar el requerimiento del cliente. Así como un chef pela una cebolla capa por capa, también un *Rainmaker* ayuda al cliente a llegar al "centro del asunto".

Los *Rainmakers* usan la palabra profundizar como un disparador de memoria para recordarse a sí mismos que deben seguir investigando, seguir haciendo preguntas, especialmente "por qué".

"Por qué", "por qué" y "por qué".

Así es como un *Rainmaker* profundiza:

"Cuéntame cómo te preocupa la situación actual".

"¿Por qué eso es importante para ti?".

"¿Cómo eso es importante para ti?".

"¿Cuáles son las consecuencias si esto continúa sin mejorar?".

"¿Podemos intentar encontrar una solución que cueste menos que el problema?".

"¿Con qué frecuencia la máquina se avería o deja de funcionar?".

"¿Cuál es el procedimiento actual frente a fallas de la maquinaria o problemas similares?".

"¿Por qué piensas eso?".

"Así que el sello actual ocasionalmente pierde su tolerancia y luego tiene fugas, ¿correcto?".

"Si pudiera obtener un nuevo diseño de soldadura que eliminara las fugas, ¿sería esa una respuesta?".

"Aquí está la solución propuesta. Si, después de la prueba, funciona según lo prometido, ¿hay alguna otra razón que le impida recomendar la adopción propuesta para la toda su producción?".

Y se intercalan otras cincuenta preguntas apasionantes más también.

Los *Rainmakers* son similares a los reporteros de investigación, detectives, psiquiatras, médicos y arqueólogos. Preguntan, investigan, excavan, diagnostican y escuchan.

Los *Rainmakers* profundizan para entender.

JEFFREY J. FOX

29 Si no es importante la respuesta, entonces no hagas la pregunta

Ser sincero es esencial.

Si realmente no quieres saber todo acerca de cada detalle de las vacaciones de tu cliente, entonces no preguntes. Si realmente no te importan las primeras palabras de su bebé, entonces no preguntes. Si la marca de zapatillas deportivas del cliente no es relevante para la venta, no preguntes por ella. No pierdas el valioso tiempo de venta, el tuyo y el de tu cliente, en asuntos que no sean pertinentes para ayudar a tu cliente a mejorar su situación.

Si preguntas sobre la imagen del velero, es posible que obtengas una respuesta. Y esa respuesta incluirá cada rumbo, cada cambio de viento, cada tormenta en las salidas a navegar del cliente. Y el cliente, deliberada o inconscientemente, dejará de pensar en la venta. A menos que vendas accesorios para barcos, no preguntes por el velero.

Los *Rainmakers* no desperdician las acciones de ventas con charlas innecesarias o conversaciones entretenidas. Los *Rainmakers* son agradables, atractivos, informados, interesantes e interesados... y siempre sinceros.

Hacer una pregunta para halagar al cliente puede ser cordial y ayudar a generar una buena conversación, pero no pongas el foco ahí, es una forma de no ser sincero y, por lo general el cliente lo percibirá. Los clientes quedan más impresionados por las preguntas inteligentes y legítimas para resolver el problema que por una pregunta fuera de contexto.

30 Nunca te muestres ocupado diciendo que estás en una reunión

Cuando un cliente se quiere comunicar contigo, no quiere percibir que estás ocupado para no atenderlo. A los clientes no les importa si se estás reuniendo con el presidente, el Papa o cualquier otra persona. Los clientes se sienten menospreciados cuando se les dice que estás ocupado. A los clientes no les importa con quién te reúnas, con una sola excepción: está bien si estás con otro cliente. Está bien porque estar con los clientes y cuidarlos es lo que se supone que debes hacer tú y todas las personas que trabajan contigo. Los clientes no quieren que los interrumpan cuando están contigo, y es por ello por lo que entienden y aceptan no interrumpirte cuando estás con un cliente.

Si estás en una reunión interna y llama un cliente, siempre atiende la llamada. Una llamada de un cliente es una invitación para ayudarlo y seguir haciendo negocios con él.

Además de no estar nunca ocupado, tampoco estés enfermo. Estás viajando.

Nunca estás de vacaciones. Estás de viaje o estás fuera del país y te comunicarás lo antes posible, sin explicaciones. Mientras tanto, que otra persona lo ayude.

Nunca "te tomaste el día". Estás haciendo negocios o reunido con clientes.

Nunca estás "ocupado almorzando". Te estás reuniendo con un cliente.

Nunca se le dice a un cliente "que todavía no has llegado a la oficina". Estás en un desayuno con un cliente.

Si un *Rainmaker* no está disponible, el cliente entiende por qué no estás accesible. Un *Rainmaker* no está "en una reunión", está visitando una fábrica, viajando con un cliente, en una entrevista, dando una conferencia en una convención, haciendo una investigación...

31 Presta atención a los tiros cortos

En el golf, la mitad de lo tiros son los golpes de corta distancia al hoyo. La idea es que los impresionantes golpes de doscientos cincuenta metros son menos importantes que hacer un putt de dos metros. Golpear con un driver, una madera 1, puede aterrizar la bola hacia la izquierda o hacia la derecha, o cincuenta metros menos, y tener menos impacto en la puntuación del golfista que un tiro directo al hoyo de 5 centímetros a la izquierda o quedarse corto. El juego consiste en embocar al hoyo, no tirar más lejos. Puedes acercarte al green tirando golpes de menor distancia evitando riesgos y ser implacable en el juego corto. Un putt de dos centímetros puede equivaler a un tiro de cien metros. Los golfistas profesionales que ganan más dinero son los que mejor juegan las distancias cortas.

En la venta, no dependas de una impactante presentación audiovisual o de un fabuloso PowerPoint para obtener la venta. No asumas que por mostrarle a un cliente un sitio internet bien diseñado estás vendiendo. La mayoría de los clientes no dicen: "Ese video fue tan bueno que tengo que comprarlo de inmediato".

Las presentaciones, demostraciones y los atractivos stands de ferias comerciales son una pérdida de dinero si no van acompañados de una estrategia proactiva y planificada para lograr que el cliente compre.

Para algunos vendedores, una presentación bien producida es vital; para un *Rainmaker*, es solo una herramienta. Algunos vendedores presentan un producto y esperan que el cliente envíe una orden de compra. Un *Rainmaker* presenta y ayuda al cliente a decidir.

Los *Rainmakers* son pacientes y tranquilos, y saben jugar el juego corto, no pierden tiros cercanos al hoyo.

32 Consejo para cuidadoras de niños (baby sitters)

Ser una baby-sitter es un trabajo noble, una actividad importante. Las niñeras se ocupan de la posesión más preciada de sus clientes: sus hijos. Las niñeras son adolescentes o jóvenes estudiantes, también hay personas que tienen un gran cariño por los niños, como cuidadoras y centros de día.

En general, las niñeras trabajan por su cuenta. Obtienen referencias, hacen el trabajo y se les paga. Si cuidan a los niños con cariño, y son responsables y dedicadas, se las vuelve a contratar. Como en muchas profesiones, a las niñeras excelentes se les paga más que a las niñeras corrientes.

Una adolescente se estaba preparando para su primer trabajo de niñera con una nueva familia, un nuevo cliente. La joven era ambiciosa, concienzuda y quería ganar dinero para sus gastos. La madre de la joven le preguntó a su hija si le gustaría algún consejo de marketing sobre el cuidado de niños.

Esto atrajo a la niñera, y predispuso la actitud a la mentalidad empresarial.

La madre le dio a la joven dos consejos: "Primero, no importa lo pícaros que sean los niños, no importa cuántos problemas causen, cuando los padres llegan a casa y pregunten si hubo algún problema, les dices a los padres que no hubo problemas, que todo fue genial. Y, segundo, deja la casa un poco más limpia de lo que la recibiste".

Este es un gran consejo para un *Rainmaker*. Una vez que es contratado por un cliente para hacer un trabajo, no quieren conocer sus problemas. No les importa. Lo importante es hacer un trabajo maravilloso, a tiempo, dentro del presupuesto, sin quejas y darle al cliente un poco más. Este es el plan para la satisfacción del cliente y el éxito continuo de las ventas.

Una cuidadora de niños es ahora una niñera que hace llover. Ofrece a los padres tener una salida relajada y una casa cuidada, siempre tendrá demanda de sus servicios.

33 Pregunta esencial # 4

Los clientes deben estar convencidos de que tu producto o servicio funcionará como se afirma. Cuanto mayor sea la inversión, mayor será la necesidad de que el cliente se sienta seguro. Cuanto más nueva sea la tecnología, mayor será la necesidad de realizar pruebas. Cualquier cosa nueva (producto, proveedor, vendedor) generalmente genera la necesidad de algún tipo de prueba.

Hay varias formas en que los clientes obtienen las pruebas que necesitan: muestras, pequeñas asignaciones, evaluaciones de productos, pruebas de productos, demostraciones, referencias, pruebas beta, mercados de prueba. Los vendedores de consumo masivo envasado utilizan muestras, por ejemplo, para que los clientes conozcan el producto. (La goma de mascar Wrigley se lanzó en su ciudad natal de Chicago enviando un paquete de goma de mascar a todas las personas en la guía telefónica). Las empresas que venden a otras empresas a menudo utilizan eventos de demostraciones de productos. Hoy en día con la gran variedad de servicios digitales lo conveniente es ofrecer períodos gratis de uso, es una forma de probar el producto antes de adquirirlo. Empresas como Amazon, Netflix y decenas de servicios digitales promueven que el mejor marketing es dejar que los usuarios prueben el servicio.

Las demostraciones de productos a menudo son difíciles de organizar. El vendedor debe tener el equipo adecuado, suministro de energía, repuestos, planillas de seguimiento. Lo más importante es que los responsables de la toma de decisiones deben estar presentes para ver la demostración.

Cuando un cliente solicita una demostración de producto, un *Rainmaker* responde de la siguiente manera: "Estaremos encantados de ofrecerle una demostración. Si la demostración tiene éxito, ¿hay algo más que le impida para seguir adelante?". Esta es una pregunta de ventas esencial.

Preguntando "¿Hay algo más que te impida…?", el vendedor escuchará algunos problemas no resueltos de los clientes o llegará a un acuerdo para una acción que lleve a la venta.

Los *Rainmakers* nunca dejan muestras de productos si no conocen como las muestras serán analizadas. Un *Rainmaker* sabe que el 95 por ciento de todas las muestras que se entregan para analizar están todavía en un cajón o se analizaron incorrectamente. El

Rainmaker siempre está presente cuando el cliente prueba el producto.

Un *Rainmaker* nunca realiza una prueba o demostración sin antes obtener un acuerdo con los clientes para seguir adelante con la venta si la prueba es exitosa.

Los *Rainmakers* nunca dejan que el cliente haga la demostración en su ausencia. Si el cliente comete un error, el vendedor perderá la venta.

Los *Rainmakers* obtienen compromisos de compra antes de realizar demostraciones de venta.

34 Dar y recibir

En la venta, si das algo a un cliente, debes planear obtener algo a cambio. El cliente sabe que eres un vendedor. El cliente sabe que estás haciendo negocios. El cliente sabe que te ganas la vida proporcionando tu producto para resolver, si es posible, problemas de clientes. El cliente es ético (de lo contrario, tenga cuidado). El cliente no lo estaría viendo si no fuera ético. El cliente honesto sabe que no puede obtener algo a cambio de nada (incluso si sus negociaciones pueden sugerir lo contrario).

Si ofreces una muestra, obtén un acuerdo para realizar la prueba.

Si realizas una demostración de producto, primero obtén un acuerdo para comprar si la demostración demuestra que el producto funciona como se afirma.

Si regalas un folleto, programa una reunión.

Si ofreces un descuento, obtén más volumen.

Si invitas una bebida, que te inviten la próxima cena.

Si realizas un favor, piensa como será tomado en cuenta.

Si produces una solución, factura y cobra el servicio.

David Ogilvy fue uno de los mejores redactores en la historia de la publicidad. Ogilvy también fue un increíble *Rainmaker*, que atrajo maravillosos clientes a su agencia de publicidad. Era un maestro en dar y recibir. Una de las campañas publicitarias memorables de David Ogilvy fue una serie de anuncios que escribió para promocionar su agencia, Ogilvy & Mather, en la ciudad de Nueva York.

A diferencia de la publicidad típica, predecible y egoísta que la mayoría de las agencias producen para promocionarse en forma vanidosa, Ogilvy "compartió" su genio.

En lugar de decirles a los clientes potenciales lo excelente que era la agencia y escribir sobre sí mismo, Ogilvy reveló su "hacer", lo que hacía su agencia con los clientes.

Un anuncio, titulado "Cómo escribir una publicidad corporativa", proporcionó una lista de tareas precisa y detallada sobre las acciones a desarrollar, como resaltar palabras y mensajes, el diseño, la tipografía y los errores que se deben evitar. Otro, titulado "Cómo hacer un comercial de televisión", reveló los enfoques y secretos de Ogilvy.

Uno puede imaginarse el debate interno en O&M: "¡Si les decimos cómo lo hacemos, no nos necesitarán!". Pero el sabio y astuto *Rainmaker* sabía que las empresas de café hacían café, no anuncios, y que los fabricantes de automóviles fabricaban autos, no anuncios. Pensó que los clientes potenciales no acudirían a sus competidores y dirían: "Hazme anuncios como lo hace Ogilvy".

Sabía que hay una gran diferencia entre que se le muestre cómo se hace algo y luego hacerlo, y mucho más hacerlo bien. Si simplemente mostrar cómo hacer algo bien fuera la respuesta, entonces simplemente ver a Picasso pintar o a Federer jugar al tenis o Julia Child hacer un soufflé haría que todos fueran expertos en todo.

Los anuncios de Ogilvy "regalaron" este conocimiento y experiencia especiales y consiguieron clientes.

El hacedor de lluvia da para recibir.

35 Vende en las tardes de los viernes

A toda hora es un buen momento para hacer una acción de ventas con decisores. Los horarios de venta excelentes son en la mañana temprano y después de las tres de la tarde los viernes. Las acciones de ventas temprano en la mañana son buenas por dos razones: (1) hay menos interrupciones y limitadas en el tiempo, y (2) un acuerdo del cliente en un horario inusual es una gran señal de compra.

El viernes por la tarde es un momento maravilloso para ver a los clientes. Hay varias razones de peso para ello. El cliente suele estar más relajado, más abierto, menos acosado y menos a la defensiva. El cliente ya está pensando en un fin de semana en la playa o en cuidar su jardín. Algunos clientes sienten que, si toman una decisión el viernes, pueden "dormir" durante el fin de semana. Para algunos clientes, la decisión de seguir adelante con su proyecto les da una sensación de logro, les quita algo de la lista de "cosas por hacer".

Si el cliente accede a verte un viernes por la tarde, especialmente si se va de vacaciones, ten por seguro que cree que puedes solucionar su problema o que ya ha decidido comprar. Esta es una acción de ventas de alta probabilidad. Pero no te confíes, prepárate y planifica para cerrar un pedido.

La competencia en general no visita los clientes los viernes por la tarde. Los otros vendedores les gusta comenzar temprano su fin de semana, abandonan temprano, lo que le da al *Rainmaker* una ventaja.

36 "Romper el hielo" al final de una acción de ventas, no al principio

Hay todo tipo de recomendaciones para "romper el hielo". Se supone que un rompehielos es una observación inteligente o un comentario del vendedor al comienzo de una comunicación de ventas que "rompe el hielo" entre el cliente y el vendedor. Se instruye al vendedor para que mire alrededor de la oficina del cliente para ver una pieza de arte moderno o fotos de niños jugando al fútbol o un trofeo de fútbol y luego haga un comentario que rompa el hielo, como un vínculo, "Entonces, ¿ese trofeo que tienes es reciente?".

No hay hielo entre un *Rainmaker* y su cliente. Tienes una reunión a una hora programada. El cliente conoce el tema de la reunión. Estás ahí para ayudar al cliente. Tu ayuda es mucho más importante que su colección de medallas de remo, ¡y ambos lo saben! Así que ve al punto de la reunión, como se esperaba.

Te conectarás personalmente con tu cliente si haces preguntas sinceras basadas en el diagnóstico y si escuchas atentamente las respuestas. En una primera reunión de ventas, haz preguntas que animen al cliente a hablar sobre su empresa, sus objetivos, sus expectativas. Los clientes recompensan a los vendedores que escuchan.

La comunicación entre un *Rainmaker* y el cliente es de gran importancia. Se discuten los problemas. Las inversiones financieras se consideran y se realizan. A todas las partes les preocupa que las decisiones sean correctas y que se obtengan buenos resultados. Aunque positiva, la experiencia genera energía, discusiones, dudas y conclusiones.

Si tuvieras dos minutos para conseguir la venta, no "romperías el hielo" y comentarías sobre un objeto del escritorio. Así que no hagas comentarios si tienes veinte minutos para realizar una venta. Una vez que el cliente se ha comprometido, cuando te acompaña a la puerta o se pida la cuenta del desayuno, es cuando la conversación sobre los niños o el fútbol o las molestias de los viajes de negocios puede ser saludable y relajante.

Los rompehielos son para la Antártida, no para los *Rainmakers*.

37 Utiliza un sistema de puntuación cada día

Hay cuatro pasos que son parte de cada venta. Ellos son:

1. Obtener un contacto, una referencia, una introducción a un responsable de decisiones.
2. Conseguir una reunión para conocer quién decide.
3. Reunirse cara a cara con los directivos.
4. Comprometerse con un acuerdo (un pedido de compra) o con una acción que lleve directamente a la venta.

Asigne un punto al Paso 1, dos puntos al Paso 2, tres puntos al Paso 3 y cuatro puntos al Paso 4.

Trabaja todos los días para obtener un total de cuatro puntos, en cualquier combinación de pasos: cuatro referencias, una referencia y una reunión cara a cara, un compromiso, etc. Puedes apostar por más puntos por día si es posible.

En la parte superior de tu lista diaria de tareas, coloca "Lograr 4 puntos". La clave es utilizar el sistema de puntos a diario. No esperes hasta el viernes para conseguir los veinte puntos de cada semana.

Si sumas cuatro puntos por día, nunca te quedarás sin prospectos, su lista de pedidos siempre estará llena, nunca tendrás un período de pocas ventas y siempre estará lloviendo.

Prueba este sistema con responsabilidad durante quince días hábiles y luego decide si debe convertirse en una parte integral de tus herramientas de ventas.

38 Siempre apunta y tira al arco

Los *Rainmakers* siempre intentan. El patear al arco no es una mala jugada, genera acción, produce rebotes, moviliza al equipo, tensiona al contrario.

Los creadores de oportunidades siempre lo hacen. Nunca prejuzgan negativamente un evento de ventas. Los *Rainmakers* nunca dicen "somos demasiado pequeños para esa empresa" o "nunca conseguiremos una cita con esa persona". Los hacedores de lluvia responden a la pregunta "¿por qué ese cliente debería hacer negocios con nosotros?" y luego lo intentan.

Wayne Gretsky, el mejor anotador de todos los tiempos de la Liga Nacional de Hockey de Estados Unidos dijo: "El mil por ciento de los tiros que no hago no entran".

El *Rainmaker* conoce una realidad: si no hace el intento de venta, no habrá venta.

Un vendedor de metales especiales acababa de terminar unos inusuales días de capacitación en ventas. La formación presentó, en la mente de este vendedor, ideas disruptivas. Se le dijo al vendedor que el precio más bajo no era lo mismo que el costo más bajo, y que el producto con el precio más alto podría, de hecho, representar el costo de adquisición más bajo para un cliente. Se le dijo al vendedor que, si el cliente simplemente acepta una reunión, entonces el cliente está predispuesto a comprar. El vendedor escuchó una serie de otros conceptos de venta que sabía, basándose en treinta años de experiencia, que podrían funcionar en otros lugares, pero que no se adaptaban para "su" industria.

Para demostrar la irrelevancia de la capacitación, el vendedor recurrió a un cliente potencial que nunca había comprado a su empresa y, supuso, nunca lo haría, debido a la reputación de su empresa de precios altos, aunque de buena calidad. Para sorpresa del vendedor, el cliente accedió a verlo. Después de una sola reunión de ventas, "el cliente que nunca compraría" sorprendió al vendedor con un pedido de $25,000. El vendedor ahora tiene una nueva actitud.

El equipo olímpico de hockey estadounidense de 1980 —aficionados y universitarios— no tenía ninguna posibilidad contra el poderoso equipo ruso, todos profesionales y veteranos. Y un disparo de último segundo a treinta metros nunca hubiera debido atravesar las piernas del mejor portero del mundo. Pero lo hizo. Y Estados Unidos ganó.

CÓMO TRANSFORMARSE EN *RAINMAKER*

Los *Rainmakers* disparan al arco siempre.

39 No hagas acciones en frío

Una acción en frío es cuando un vendedor visita a un cliente de imprevisto.

Una acción en frío es un remanente de las costumbres de vender puerta a puerta, era un concepto de ver a tantas personas como sea posible como una manera de tener éxito. Hoy en día, la gente de telemarketing utiliza generalmente las llamadas en frío para buscar clientes.

Las llamadas en frío no funcionan. Ninguna persona responsable de decisiones tiene tiempo para dejar lo que está haciendo para ver a alguien que no conoce.

Las llamadas en frío son una intrusión y, para algunos, un signo de mala educación. Una acción en frío es una apuesta: no se sabe si el cliente es potencial o no, si tiene un problema o incluso si está para recibirlo.

Las llamadas en frío indican una mala planificación. Indican que el vendedor no está haciendo un buen trabajo calificando clientes potenciales o consiguiendo reuniones. El viejo adagio de las ventas es vital: planifica tu trabajo y organiza tu plan.

En lugar de acciones en frío, utilice el sistema de puntos.

Pero ¿qué sucede si, por una situación imprevista, se cancela una reunión programada en el último minuto? Es viernes por la tarde; intenta no desanimarte. Mueves los ojos hacia el cielo y ves una luz encendida en una oficina en un edificio al otro lado de la calle. Quizás sea una oportunidad. ¿Por qué no? piensas mientras entras en el vestíbulo, un tiro al arco nunca es una mala jugada.

40 Muestra la cadena y vende el primer eslabón

Nadie compra un eslabón de la cadena en forma individual. Nadie entra en una ferretería y dice: "necesito diecisiete eslabones" o "quiero una caja de eslabones". La gente compra toda la cadena o no. Lo mismo ocurre con una venta. Si al cliente le muestran todos los pasos de una venta y está de acuerdo con el primer paso, el cliente ha comprado la cadena... a menos que la rompas.

Mostrar al cliente el proceso paso a paso, acuerdo por acuerdo, desde la primera comunicación de ventas hasta la orden de compra, es una técnica de venta convincente. Solo los *Rainmakers* usan esta técnica. La mayoría de los vendedores no conocen todos los pasos, no comprenden la relación entre los pasos, no planifican estratégicamente o tienen miedo de mostrar sus planes.

Un supervendedor de un fabricante de productos químicos especializados es un campeón en mostrar la cadena y vender el primer eslabón, vendiendo así la cadena y cerrando el pedido. En su primera reunión con un cliente potencial, procede de la siguiente manera: "Sr. Cliente, tenemos mucho éxito en este tipo de aplicaciones, brindándole siempre al cliente, un retorno *monetizado* de su inversión. Suponiendo que podamos darle una solución, ¿le gustaría conocer los pasos típicos involucrados en la solución de este problema?".

"Está bien. Primero, hacemos un recorrido por la planta y observamos exactamente cómo se ensamblan los productos. En segundo lugar, obtenemos pruebas de producción. Los desglosamos y los rediseñamos, buscando formas de reducir los costos de ensamblaje. A continuación, trabajamos con ustedes para desarrollar un análisis de retorno de la inversión. Juntos calculamos cuánto dinero le ahorrará a su empresa la solución recomendada o, a la inversa, cuánto dinero le costará prescindir de esta solución. Por supuesto, analizaremos la cantidad total de dinero que ahorrará a su empresa, ¿de acuerdo?".

"Bien. A continuación, hacemos una prueba de nuestro producto aquí en su fábrica. Si la prueba tiene éxito, pasamos a una producción limitada. ¿Está bien?".

"Bien. Si la prueba es exitosa y la producción limitada cumple con sus criterios, decidimos una fecha de entrega para su primera cantidad de producción completa. Eso es todo. ¿Alguna pregunta?".

"Genial. Esto describe el enfoque. Hagamos ese recorrido por la planta, ¿está de acuerdo?".

Cuando el cliente acepta "hacer el recorrido por la planta", el cliente acepta comprar el primer eslabón... y, en efecto, compra toda la cadena.

Un *Rainmaker* muestra la cadena, aclara cómo se vinculan las fases de la venta, desde el primer acuerdo hasta la orden de compra, y luego vende el primer eslabón. El primero está unido al resto de la cadena.

Vende el primer eslabón y lograrás vender la cadena.

41 No hables con comida en la boca

Sería poco apropiado colocar tu mochila o bolso sobre el escritorio o mesa de reunión del cliente. No llegues tarde a las reuniones. No visites a un cliente si estás tosiendo, con mareos y estornudos. Asegúrate de que tus manos, ropa, cabello, muestras y automóvil estén impecables. Levántate cuando una persona mayor o una mujer ingrese a la habitación. Abre la puerta para los demás. Ofrece llevar los artículos pesados. Ayuda a levantar y sacar una maleta de los compartimentos superiores para equipaje de los aviones. Di por favor y gracias.

Los *Rainmakers* usan buenos modales todo el tiempo con todos. Los Rainmakers son amables.

Si no tienes excelentes modales en la mesa, será mejor que los desarrolles. Si sostienes el tenedor como la paleta de un jardinero, te metes la comida en la boca con bocados grandes o rápidamente, haces ruidos bebiendo, golpeas o masticas y hablas simultáneamente, no obtendrás ni conservarás clientes. Los malos modales en la mesa son un signo de poca educación, indisciplinada o acelerada.

Los malos modales en la mesa son desagradables; indican insensibilidad hacia los demás, una persona demasiado interesada en sí misma y una educación incompleta.

Elimina tu membresía en el club de dejar limpio el plato.

Fue un almuerzo de "negocios", pero uno de los vendedores se olvidó. En un momento dado, el chasquido de su cuchara en un plato de sopa vacío hizo que el cliente comentara: "Si raspas la porcelana de ese plato, tendrán que cobrarte el plato". ¡Indigestión innecesaria!

Para los *Rainmakers*, los modales son importantes.

42 Pregunta esencial # 5

Ahora mismo, en este momento, tomarás un pequeño descanso de la lectura. Cierra este libro, déjalo a un lado, vuelve a abrirlo y comience a leer en cualquier lugar. Recuerda estás en la regla #42.

O cerraste el libro o no lo hiciste. Pide a alguien que te lance una moneda, un lápiz o cualquier cosa. O lo lanzan o no lo hacen. No puedes "intentar" hacer algo; o lo haces o no lo haces.

Para producir una venta y para obtener el compromiso final del cliente, un *Rainmaker* podría decir: "He mirado todo. Tus inquietudes han sido respondidas. El tiempo es esencial. Has escuchado nuestra recomendación. ¿Por qué no lo intentas?

"¿Por qué no lo intentas?" es una pregunta de ventas esencial.

El "intentar" es "tu" producto.

"¿Por qué no lo intentas?" no es lo mismo que "¿Por qué no lo pruebas?" o "pruébalo durante unos días". Probar un producto durante unos días es una prueba. Obtener una prueba es una buena estrategia de venta, pero es un paso intermedio, no el paso final, para obtener una venta.

Para la mayoría de las personas, "intentar" algo es un acto revocable, una decisión que puede revertirse. Se siente temporal, no permanente. Inconscientemente, la gente siente que intentar algo es probar, y probar no es comprometerse con una decisión. Hay un intento de escapar al acuerdo asumido cuando se prueba algo.

Pero la gente no lo intenta: actúa, hace algo.

Una súper vendedora vendió una consultoría de por $1 millón que tardó dieciocho meses en implementarse, comenzando cuando le preguntó al cliente: "Bueno, ¿por qué no lo intentas?".

43 Me encantan los mensajes de voz

Alguna vez pensaste: "¿Si tan sólo pudiera conseguir una reunión con esa persona, le podría vender mi producto?". Si es así, los mensajes de voz es una respuesta. El mensaje de voz es una buena herramienta de venta.

El mensaje de voz puede ser una oportunidad de venta para un *Rainmaker*. Te da un período de tiempo ininterrumpido para comunicar un beneficio *monetizado* significativo a quien decide.

El objetivo de tu mensaje de voz es conseguir que el cliente te conteste la comunicación, o que el cliente responda a tu próxima acción o quiera conocerle. La clave para la venta de un mensaje de voz es dejar un mensaje convincente, algo que resuene positivamente con tu cliente.

Para poder dejar un buen mensaje, debes responder con precisión a la pregunta "¿Por qué este cliente debería hacer negocios conmigo?", "¿Por qué el cliente debería devolverme la llamada?" y "¿Por qué el cliente debería escucharme la próxima vez que llame?".

Las respuestas a estas preguntas deben representar un beneficio significativo para el cliente.

Estas son las pautas de uso del mensaje de voz:

Para responder a la pregunta "¿Por qué debería escuchar el cliente?" requiere entender y analizar. Para darle al cliente incluso una idea estimada del valor *monetizado* que representas, se necesita una planificación previa a la compra.

Genera mensajes de acciones concretas.

Prepara tu mensaje de correo de voz por escrito. El núcleo de este mensaje debe ser un resumen del valor máximo que brindarás al cliente y algo que usarás en una comunicación, en un mensaje escrito y en una reunión cara a cara. Planifica el mensaje con cuidado. Que sea breve; no más de treinta segundos de escucha o lectura.

- ✓ Considera utilizar una referencia de terceros para instaurar una relación en el mensaje y darle credibilidad. Por ejemplo, "El Dr. Jones, de radiología del Hospital Saint Francis, me recomendó que me comunicara con usted".
- ✓ Practica tu mensaje de voz.

- ✓ Prepárate para decir el mensaje si el cliente se comunica contigo.
- ✓ Habla despacio, con claridad y distinción.
- ✓ Preséntate primero. Asegúrate de que tu nombre se entienda fácilmente. Si citas una referencia, indica claramente el nombre de esa persona.
- ✓ Describe la duración de tu mensaje.
- ✓ Indica el propósito de tu comunicación: alentar al cliente sobre una oportunidad con un valor monetario específico ahora disponible.
- ✓ Indica el beneficio y el valor *monetizado*.
- ✓ Sugiere un marco de tiempo limitado para una propuesta de reunión.
- ✓ Deja tus datos para comunicarte y habla despacio y escribe claro. No te apresures.
- ✓ Al dar el número de teléfono, haz una pausa entre los números. Luego repite el número de teléfono.
- ✓ Agradece al cliente y menciona que, si no tiene la oportunidad de devolverte la llamada, harás un seguimiento.

Para ilustrar de ejemplo:

Buenas tardes, Sr. Smith. Un amigo en común, Jim Murphy, me sugirió que lo contactara. Este mensaje tomará menos de treinta segundos de su tiempo. Mi nombre es Jeffrey Fox. El propósito de esta llamada es informarle de una oportunidad que parece ser perfecta para usted y su empresa. Según el análisis, puede reducir el costo de fabricación de los carritos de golf que vende en un 12 por ciento, o aproximadamente $900,000 al año. Ver cómo ahorraría $ 900.000 al año le llevará unos quince minutos. Mi número es, código de área 2-1-1, luego 9-8-7, 7-cero-cero-cero. Permíteme repetir ese número: código de área 2-1-1-, 9-8-7, 7-cero-cero-cero. Si no puede comunicarse conmigo, haré un seguimiento. Muchas gracias.

La próxima vez que hables con el potencial cliente, prepárate para decir "¿Tiene su calendario de reuniones a mano?".

44 Estaciona en la parte de atrás

Los clientes comienzan a evaluar a los vendedores en segundos. Es natural que algunos clientes construyan modelos mentales para protegerse de tomar la decisión de invertir dinero en tu producto. Comienzan a construir sistemas de defensa mental y prejuzgan tan pronto como te conocen. Por lo tanto, para que ese cliente se reúna contigo debes estar organizado y preparado.

No querrás que el cliente te vea saliendo de un coche, luchando por ponerte un saco, arreglando tu falda, peinándote tu cabello, organizando tu mochila con la computadora. Deseas que el cliente te vea como alguien profesional. No quieres que el cliente te vea vulnerable.

Nunca muestres vulnerabilidad. Ten siempre confianza. Planifica para lo inesperado. Espera lo imprevisto. Mantén la calma. Recuerda el viejo axioma del póquer: nunca dejes que te vean transpirar. Nunca reveles una debilidad, como no sentirse bien. A los clientes no les importa tu estado.

Si un cliente te pregunta cómo te sientes, simplemente responde "Perfecto, gracias". Estaciona en la parte de atrás del estacionamiento. Estate preparado.

Los *Rainmakers* aparecen siempre impecables y listos para los negocios.

45 Sé la persona mejor vestida con la que el cliente se reunirá

"El viernes es un día de vestimenta informal", pero no para un *Rainmaker*. El *Rainmaker* no se viste de forma casual, ni necesariamente se viste elegante. Viste mejor que cualquier persona con el que el cliente se encuentre ese día. Si el cliente usa remeras con cuello y zapatillas deportivas, el *Rainmaker* usa camisas y zapatos. Si el cliente usa zapatos y pantalones de vestir, el hacedor de lluvia usa un traje oscuro elegante. Si el cliente usa poliéster, un *Rainmaker* usa lana. Nota: no está intentando superar a su cliente; le está haciendo saber al cliente que él es importante.

No caigas en la tentación de la vestimenta "casual de negocios". Cuando intentas atraer nuevos negocios, nada es casual. Tu cliente quiere que seas "elegante", auténtico y profesional.

Pero no exageres. No abrumes al cliente con un estilo impactante. Tu forma de vestir debe indicar confianza, éxito, experiencia, sensibilidad, profesionalismo y atención a los detalles.

Ir bien vestido es ser atento con tu cliente. Se dice que el presidente Ronald Reagan tenía tanto respeto por la Oficina Oval que nunca entraba a menos que estuviera vestido de traje y corbata. El pueblo estadounidense respetaba el estilo de Reagan, y tal vez fue una de las varias razones por las que lo reeligieron de forma aplastante.

Tu respeto por tus clientes te ayudará y ellos lo valorarán; te reelegirán, venta tras venta.

46 Los desayunos producen clientes

El desayuno es un momento excelente para hacer negocios con un cliente potencial. Un *Rainmaker* de gran éxito, el difunto propietario de múltiples negocios Clayton Gengras de Connecticut, comentó una vez: "Todo el dinero que he ganado y que he conservado, lo hice temprano en las mañanas". El desayuno pone en marcha el día. Este es el por qué:

- ✓ El cliente sabe que el propósito de una reunión en un desayuno no es discutir los resultados deportivos o calificar un restaurante sobre otro. Cuando se organizó la reunión, se le dio al cliente una idea del propósito (que es un compromiso del cliente con una acción que conduce a una venta). En consecuencia, cuando un cliente acepta reunirse contigo para desayunar, está haciendo una inversión de tiempo poco común. Esa inversión es una señal de compra positiva.

✓ El desayuno suele ser menos caro que un almuerzo o cena de negocios. El menú es simple, requiere menos tiempo para hacer una selección, lo que significa más tiempo para la discusión. No tienes que preocuparte por las bebidas alcohólicas.

✓ El desayuno les ahorra tiempo a tus clientes. Elige un lugar que esté en el camino del cliente al trabajo; esto elimina uno de los viajes "de la oficina, de regreso a la oficina" asociados con otras reuniones externas.

✓ Las reuniones de desayuno son menos vulnerables a las cancelaciones. Ocurren antes de que comienzan los problemas diarios del cliente. Y el cliente está fresco, alerta y ansioso.

La elección del restaurante es menos importante para el desayuno. Es difícil servir mal un café y pésimas tostadas. La comodidad para el cliente es importante. No vayas a un lugar popular de comida para hacer filas con un grupo de personas entrando y saliendo amontonadas. No vayas al restaurante local si es un lugar frecuentado por un club de motociclistas. No vayas a los lugares de moda. Pueden distraer. Esos lugares son para lucirse; son para el mundo del espectáculo, no para hacer negocios.

Una vez que hayas recibido el compromiso de tu cliente y la reunión haya concluido, no salgas del restaurante con tu cliente. Deja que el cliente se vaya en paz y privacidad. Comenta que te quedarás unos momentos más para hacer una llamada telefónica.

Un *Rainmaker* programa regularmente dos desayunos en una sola mañana. Empieza el día con dos reuniones de ventas antes de que la mayoría de la gente llegue a trabajar.

47 "Le doy mi tarjeta..."

No te olvides de utilizar tus tarjetas de negocios. Para muchas personas, la tarjeta de presentación es tan común, tan trivial, que olvidan su propósito. Las tarjetas de negocios son para conseguir y conservar clientes, para entrar en la agenda de un cliente, no para entrar en un tazón para ganar un almuerzo gratis.

Las tarjetas de presentación no deben ser cálidas, desordenadas o con estilos antiguos. La escritura inglesa antigua con curvas y rizos no es elegante; es difícil de leer. Olvídate de las tarjetas plegables y las tarjetas grandes. No pongas todos los productos que fabrican y todos los logotipos de marcas su organización en su tarjeta. Menos es más.

Un destacado abogado penalista, un fantástico hacedor de lluvia, siempre daba su tarjeta a los camareros, taxistas, meseros, trabajadores de la construcción, a cualquiera. "Aquí está mi tarjeta; Si alguna vez necesita ayuda, o si alguien que conoce necesita ayuda, llámeme. Te ayudaremos".

Una agente de bienes raíces, quien fue durante quince años la agente número uno del mercado, era siempre cortés pero nunca tímida. "Aquí está mi tarjeta. Si alguna vez considera comprar o vender bienes raíces, llámeme. Recibirá un tratamiento especial".

Un socio de una firma de contabilidad internacional se convirtió en socio en parte porque los potenciales clientes tenían su tarjeta. "Aquí está mi tarjeta. Si usted o su empresa quieren reducir los impuestos y optimizar el flujo de caja, llámenme. Obtendrá a nuestra mejor gente".

El propietario de una exclusiva galería de antigüedades no esperó a que los clientes acudieran a él. A menudo se reunía con dueños de negocios y, cuando lo hacía, les entregaba su tarjeta de presentación. Eran tarjetas modernas y elegantes. "Aquí está mi tarjeta. Su sala de reunión es un lugar maravilloso para nuestras antigüedades. Nos sentiremos halagados si nos solicita una recomendación".

Los *Rainmakers* saben por qué las tarjetas de negocios se llaman tarjetas de negocios.

48 Pregunta esencial # 6

Una comprensión completa de las necesidades, deseos, preocupaciones, objeciones, opciones, presupuestos y cronograma del cliente es crucial para un *Rainmaker*. El *Rainmaker* debe aprender todo lo que sea relevante del cliente. La lista de aprendizaje es exhaustiva e incluye conocer las preocupaciones de los colegas del cliente, determinar los competidores y obtener una comprensión íntima del problema.

Un *Rainmaker* se prepara para las reuniones de entendimiento con análisis de necesidades cuidadosamente elaborados y preguntas para comprender la situación. Ninguna pregunta es demasiado trivial, demasiado obvia, demasiado mundana para hacerla. El objetivo es diagnosticar el problema y descubrir cómo tu producto o servicio beneficiará al cliente.

Independientemente de la calidad de las preguntas y de la voluntad del cliente de proporcionar información, un *Rainmaker* siempre asume que le faltan más datos. Un *Rainmaker* siempre concluye una entrevista con un cliente haciendo una pregunta de ventas esencial.

La pregunta de ventas esencial es: "¿Qué pregunta debería hacer que no le hice?". Las variantes o preguntas de seguimiento son: "¿Hay algo que me haya perdido?". "¿He cubierto todo?". "¿Le he preguntado sobre todos los detalles que son importantes para usted?".

Si ha cubierto todo, está bien. De lo contrario, la pregunta decisiva sobre las ventas revelará algo que es importante para el cliente. El hacedor de lluvia analiza la respuesta con preguntas de seguimiento.

"¿Qué no estoy preguntando?" es la pregunta que se hacen los profesionales más confiados, más preocupados por el cliente y más profesionales. Y los buenos clientes quieren que se les haga esta fantástica pregunta sin dejar piedra sin remover.

Los *Rainmakers* hacen las preguntas que otros desearían haber hecho.

49 Diez acciones que hay que hacer todos los días para obtener negocios

1. Envía una nota escrita a mano.
2. Recorta y envía un artículo de interés.
3. Habla con un cliente satisfecho y pregúntale a quién más podrías ayudar.
4. Envía un regalo de agradecimiento a alguien que te haya realizado una recomendación.
5. Entrega tu tarjeta de presentación a alguien con influencia.
6. Envía un email o carta a un editor de una revista que lean tus clientes.
7. Agrega quince personas a tu lista de correo.
8. Deja un mensaje de voz convincente.
9. Organiza una reunión.

10. Llama a un cliente con el que no has hablado en dos años.

Los *Rainmakers* hacen algo todos los días para ayudar a la empresa a conseguir nuevos negocios.

50 Cómo reconocer un *Rainmaker*

¿Cuál es el atributo único que caracteriza al *Rainmaker* -al mejor vendedor? ¿Qué distingue al vendedor notablemente bueno del simplemente bueno? Ahora, deja de leer, cierra los ojos y considera por un momento cuál es la característica única sobresaliente de un gran vendedor....

Hay muchos vendedores "buenos"; hay muchos menos vendedores "excelentes". El buen vendedor tiene una variedad de hábitos y atributos que crean éxito. El buen vendedor:

- ✓ Organiza acciones con los responsables de decisiones.
- ✓ Realiza una planificación previa detallada.
- ✓ Siempre tiene un objetivo de acción de ventas por escrito.
- ✓ Hace preguntas preparadas.
- ✓ Escucha.
- ✓ Es empático con los clientes.
- ✓ Alienta y aprecia las objeciones.
- ✓ Siempre monetiza el valor del producto.

✓ Pide compromisos con el cliente.

✓ Y un centenar de otras cosas, desde vestirse adecuadamente, redactar excelentes comunicaciones, hasta un seguimiento impecable.

Todos esos talentos son importantes.

Pero lo único que separa al vendedor número uno del resto es que el vendedor número uno vende más.

Cuando se cuenta el puntaje, no importa lo duro que haya trabajado alguien, o cuántos emails brillantes alguien haya escrito, o cuán perfectos sean los informes mensuales. No importa cuán inteligente sea la conversación, cuán moderna sea la ropa, cuán único sea el estilo. La única puntuación que cuenta es la cantidad de dinero que se ha generado.

Si tienes un *Rainmaker*, o *Rainmakers*, en tu organización, eres afortunado. No importa si su *Rainmaker* es una *prima donna*, un solitario independiente o difícil de "manejar". No importa si su *Rainmaker* no cumple con tus reglas, si es indiferente a tus políticas o siempre llega tarde con los reportes de gastos.

Lo que importa es la capacidad del *Rainmaker* para sumar y poner dinero en la cuenta de banco, atraer y hacer crecer nuevos clientes. Mientras el hacedor de lluvia obedezca las leyes de Dios y del hombre, y se mantenga dentro del presupuesto, debes dejar que haga llover.

Tolera a tu *Rainmaker*. Enséñale a tu hacedor de lluvia. Entrena a tu *Rainmaker*.

Un *Rainmakers* trae a los clientes que aportan el dinero que hace que la organización prospere.

Un extra: cómo monetizar

Estás en un negocio de pinturas evaluando dos marcas de pintura para pintar tu casa. La marca A cuesta $10 el litro y la marca B cuesta $18 el litro. La marca A tiene el precio más bajo, pero la marca B tiene más pigmento, por lo que requiere una capa menos de pintura que la marca A. ¿Qué pintura tiene el costo más bajo?

Para comparar los costos reales de cada producto, debes determinar los costos totales asociados con cada producto. El proceso de hacer esta evaluación es la monetización. La monetización (o dolarización) consiste en calcular, en dólares y centavos, el valor real de cada producto para el cliente.

En el ejemplo de la pintura de la casa, el cliente, el vendedor o ambos calculan que se necesitan diez litros de la marca A, entonces es un trabajo de $100. La marca B puede hacer el trabajo con cinco litros por $90. El costo de pintura de la marca B es mayor que el de la marca A, pero la marca B es la solución de costo neto más bajo.

El precio es la medida universal que utilizan los clientes para comparar dos productos. Sin embargo, si el verdadero objetivo del cliente es obtener el costo total más bajo, entonces enfocarse solo en el precio es ser miope.

Casi todos los vendedores afirman beneficios para sus productos como "más rápido", "más fuerte", "más duradero", "calidad superior", "más eficiente". Ocasionalmente, el cliente monetiza intuitivamente el valor de estas afirmaciones y selecciona correctamente el producto que produce el costo total más bajo. Pero más a menudo, el vendedor, a pesar de tener la mejor solución, se reduce a pelear una batalla de precios, porque el vendedor no sabe qué significa "más rápido", o no sabe cómo traducir "más rápido" en dólares y centavos.

Los vendedores a menudo tienen dificultades para asignar un valor preciso a los beneficios que brindan.

Veamos un ejemplo, un vendedor de una empresa de juntas. Su cliente objetivo compra juntas para sellar un componente del motor y paga $0.92 por cada junta. Su junta tiene un precio de $1. Debido a un diseño diferente, su junta es "más confiable": falla ocho veces menos por cada mil juntas que la competencia. Cada falla da como resultado un reclamo de garantía que cuesta $25 para solucionarlo. ¿Cuál es el precio real de su junta? ¿Puede monetizar el costo real de su junta?

Así es como un *Rainmaker* monetiza el valor de la reunión y cualquier otro producto, usando seis pasos básicos:

1. **Estudia los competidores**
   ✓ Indica las otras opciones que tu cliente considerará. Las opciones podrían incluir una metodología existente, un competidor o una solución interna.
   ✓ Ejemplo: el competidor es un proveedor probado que vende su junta por $0.92.

2. **Indica tu beneficio**
   ✓ Indica por qué tu cliente debería hacer negocios contigo.
   ✓ Ejemplo: nuestras reuniones son más productivas.

3. **Cuantifica el beneficio**
   ✓ Repite el beneficio en términos numéricos.
   ✓ Ejemplo: Juntas "más confiables" significa que el cliente enfrentará ocho reclamos de garantía menos por cada mil productos vendidos.

4. **Monetiza el beneficio**
   ✓ Calcula el valor en dólares del beneficio.

✓ Ejemplo: 8 pedidos menos de garantía ahorran a $25 un total de $200.

5. **Expresa el beneficio total *monetizado* en términos "por unidad".**
   ✓ Calcula la parte del beneficio económico total que el cliente obtiene de cada unidad que compra.
   ✓ Ejemplo: Si ahorramos $200 por cada 1,000 unidades, producimos un ahorro de $0.20 por unidad.

6. **Demuestra el verdadero costo neto de tu producto**
   ✓ Muestra cómo el beneficio económico total derivado de cada producto revela el costo neto real (o precio real) de tu producto.
   ✓ Ejemplo: si el precio de cada junta es $1 pero produce $0.20 de ahorro comparando con la actual, entonces el precio de adquisición sería $ 0.80 por unidad.

Debido al ahorro total que proporciona tu producto, el verdadero precio neto por unidad de tu producto es de solo $0.80. En efecto, cuando el cliente te da $1 por cada junta, tú le devuelves $0.20 en ahorros de costos de garantía. Ochenta centavos es el número que el cliente debe utilizar para comparar los precios con la competencia.

La monetización es el factor distintivo de un *Rainmaker*. Es más efectivo hacer los cálculos y decir "Este acondicionador de aire ahorra $ 14 al mes en facturas de electricidad reducidas", que simplemente decir "Este acondicionador de aire es energéticamente eficiente".

¡Tres de las palabras más importantes del diccionario de *Rainmaker* son monetizar, monetizar, monetizar!

JEFFREY J. FOX

Un caso de negocios: El vendedor de vinos

Sin lugar a duda el mejor vendedor en la industria del vino de Estados Unidos logró recientemente una carrera excepcional como el presidente de una de las mejores compañías de vino premium de Estados Unidos. Durante más de treinta años, vendió personalmente vino por valor de millones de dólares, y muchas de esas ventas se realizaron mucho antes de que el vino estuviera tan de moda como lo está hoy. Llamémoslo Sr. K.

Según el Sr. K., esta fue su mejor venta: en los años cincuenta, el Sr. K. intentaba vender vinos de una bodega del norte del estado de Nueva York a uno de los establecimientos más famosos y finos de la ciudad de Nueva York. Este legendario restaurante era (y sigue siendo) frecuentado por una clientela cosmopolita y exigente, y solo servía los mejores vinos europeos. El restaurante era exclusivo y satisfacía los deseos de sus clientes.

El Sr. K. ni siquiera pudo conseguir una cita para ver al responsable de la toma de decisión. Durante seis meses, el propietario se negó a recibirlo. El Sr. K. se enteró de que el propietario almorzaba regularmente en el bar a las tres en punto. Unos días después, el Sr. K. simplemente entró al restaurante y se acercó al dueño mientras estaba almorzando. Se llevó a cabo la siguiente conversación:

SEÑOR. K.: Disculpe la interrupción, señor propietario. Mi nombre es Sr. K. y mi propósito es mostrarle por qué debería considerar incluir ABC Wines en su lista de vinos. ¿Puedo continuar?

PROPIETARIO: Voy a almorzar.

SEÑOR. K.: Sr. Propietario, usted saluda a sus clientes todos los días cuando ellos están almorzando. Se lo aseguro, no quiero ser una molestia, pero como usted, conocer clientes también es mi trabajo. Esto tomará dos minutos. ¿Puedo...?

PROPIETARIO: Dos minutos.

SEÑOR. K.: ¿Podrías incluir ABC Wines en tu lista de vinos?

PROPIETARIO: No.

SEÑOR. K.: ¿Por qué no puedes?

PROPIETARIO: Los vinos tienen un sabor terrible y no me gustan.

SEÑOR. K.: Señor propietario, estoy de acuerdo con usted. Los vinos no atraen a todo el mundo. Pero si puedo mostrarle por qué eso no importa, ¿los consideraría?

PROPIETARIO: Estoy escuchando.

SEÑOR. K.: Gracias. La razón por la que debieras probar estos vinos no es porque a usted o a mí no nos guste el sabor, sino porque a treinta y cinco o cuarenta de tus clientes habituales les gusta el sabor. Al Sr. Jones y al Sr. Smith les gusta ABC Wines. Y varias veces les han preguntado a sus camareros si tienen esos vinos. Esta es una oportunidad de negocio que vale $200 a la semana.

Señor propietario, debería poner ABC Wines aquí porque sus clientes los pedirán y beberán. ¿No es eso razonable?

PROPIETARIO: Lo investigaré y decidiré mañana.

SEÑOR. K.: Eso es bastante justo. Gracias.

Al día siguiente, el Sr. K. recibió un pedido de diez cajas de ABC Wines. Esto fue más que un pedido simbólico, y ABC Wines ha estado en la lista de vinos desde entonces. Todos los restaurantes importantes de la ciudad de Nueva York pronto pusieron los vinos del Sr. K. en sus listas de vinos.

Análisis de caso, veamos las lecciones de "Mr. K.":

1   El Sr. K. hizo su tarea previa y determinó cuándo y dónde encontrar al cliente.
2   El Sr. K. declaró clara e inmediatamente el objetivo de la conversación, y lo hizo en forma de pregunta.
3   El Sr. K. fue cortés, siempre pidiendo permiso para continuar. Dijo "gracias", "por favor", "¿puedo?".
4   El Sr. K. concluyó cada declaración en forma de pregunta, solicitando el acuerdo del propietario.
5   Cuando el propietario presentó una objeción ("Estoy almorzando"), el Sr. K. invirtió la situación. Cambió de lugar con el propietario diciendo: "Te encuentras con tus clientes todos los días cuando almuerzan". El mensaje del Sr. K. fue "Si está bien que tu interrumpas el almuerzo de tus clientes, está bien que yo haga lo mismo".
6   El Sr. K. indicó claramente la inversión de tiempo al propietario (dos minutos) y consiguió un acuerdo para ese tiempo, el primer acuerdo más importante en la conversación.
7   En su planificación previa a la reunión, el Sr. K. analizó los clientes del propietario: los clientes del restaurante. El Sr. K. compartió esa investigación con el propietario. Darle a

un cliente nueva información le permitió al propietario cambiar de opinión.
8   El Sr. K. utilizó testimonios de terceros creíbles: los comentarios de los camareros. Este es un testimonio poderoso porque se puede verificar fácilmente.
9   El Sr. K. hizo el pedido: "¿Podría poner ABC Wines en su lista de vinos?". El Sr. K. hizo lo que algunos estudios indican que el 90 por ciento de todos los vendedores no hacen: el Sr. K. fue concreto con el pedido.
10 El Sr. K. respondió a la objeción del propietario ("no") con el ingenioso "¿por qué no puede usted?". El uso de la palabra no puede, en contraposición a no hacer, o no lo hará, es un desafío sutil a la autoridad y el poder del propietario. "No puedo" implica que alguien más tiene el poder. Esto es inaceptable para muchos clientes. Si el Sr. K. hubiera preguntado "¿Por qué no quieres?" el propietario podría haber respondido cómodamente con una serie de razones legítimas, como "Solo servimos vinos franceses". A la pregunta "¿Por qué no lo haces tú?" el propietario podría haber respondido "La bodega está llena". Pero para acceder a la pregunta" ¿Por qué no puedes?" es decir "soy impotente".

11 El Sr. K. pensó y planeó la redacción exacta de esta respuesta durante semanas.
12 Cuando el propietario objetó el sabor de los vinos, el Sr. K. estuvo de acuerdo en que estaba bien que no le gustaran los vinos. El Sr. K. no debatió. Desinfló la retórica al estar de acuerdo.
13 El Sr. K. usó un "si yo... podría usted" ("...si puedo mostrarle... ¿lo consideraría?"). Esta es una buena técnica porque el cliente siente que la carga recae en el vendedor, no en el cliente. Pero si el cliente está de acuerdo con esta propuesta y el vendedor cumple su promesa, el cliente estará comprometido.
14 El Sr. K. utilizó una razón convincente para que el propietario comprara: de treinta y cinco a cuarenta de los clientes del propietario pedirían el vino. El propietario logrará satisfacer a sus clientes y obtendrá un beneficio *monetizado* de $ 200 a la semana en ventas adicionales.
15 El Sr. K. dijo: "Prueba estos vinos". El Sr. K. estaba planteando la compra como una decisión temporal, cambiante y de bajo riesgo.
16 El Sr. K. preguntó: "¿Los consideraría?". Esta es una variación de la pregunta de ventas esencial "¿Por qué no lo intenta?".

17 El Sr. K. eliminó el tan común cliente/vendedor de dar y recibir. El Sr. K. quitó el foco de lo que pensaba el dueño y lo puso en los clientes del restaurante y los camareros. A esto se le llama triangulación. El cliente, el vendedor y la tercera entidad son los puntos del triángulo. El Sr. K. y el propietario pueden referirse a la tercera entidad y evitar bloquearse entre sí.

18 El Sr. K. usó palabras amistosas como "considerar" (¡dos veces!), "razonable" y "justo". Estas palabras no son agresivas y fomentan el discurso maduro. La palabra "justo" es una palabra de venta fuerte porque apela al sentido de justicia del cliente. Ser justo conduce a una toma de decisiones más objetiva y menos emocional.

19 El Sr. K. recibió y reconoció tres compromisos. El primer compromiso fue el acuerdo del propietario a dos minutos. El Sr. K. aprovechó ese acuerdo solicitando inmediatamente la orden. El Sr. K. reconoció el segundo compromiso ("Estoy escuchando") diciendo "gracias". El Sr. K. reconoció el tercer compromiso ("Lo investigaré") también diciendo "gracias". Reconocer y consolidar compromisos es una técnica sólida.

20 El cliente se da cuenta de que ha acordado algo y, si el cliente continúa, es una señal de compra.

21 El objetivo de cada acción de ventas es cerrar o comprometerse con una acción que lleva a una venta. El acuerdo del cliente de "investigarlo" fue un compromiso con una acción que lleva a un cierre. Ergo, un cierre de ventas exitoso.

22 ¿Qué estaba vendiendo realmente el Sr. K.? Si estuviera vendiendo vinos, tal vez podría haber traído una muestra para degustar (lo que habría matado la venta). Pero el Sr. K. no vendía vino. Estaba vendiendo el valor *monetizado* ($200 a la semana) que el propietario obtendría al presentar el vino. El Sr. K. vendió dinero.

23 ¿Rompió el Sr. K. la regla de no hacer nunca una acción en frío? Decide por ti mismo: el propietario conocía al Sr. K., después de todo, había rechazado al Sr. K. durante seis meses. El Sr. K. sabía que un tiro al arco nunca es una mala jugada. El Sr. K. no tenía nada que perder.

Como todo gran hacedor de lluvia, el Sr. K. era valiente y audaz, valiente y tranquilo. Y como todo gran *Rainmaker*... tienes que conocer las reglas para poder romperlas.

Epílogo

Gracias por leer este libro. Ahora abra el libro en una o dos páginas al azar. Pon tu dedo en una sección y haz lo que está escrito.

Estarás más cerca en tu camino para transformarte en un *Rainmaker*.

JEFFREY J. FOX

Agradecimientos

Gracias a:

Mary Ellen O'Neill, mi editora de agudo lápiz y agudo ingenio, y a toda la gente entusiasta de Hyperion.

Mis agentes infatigables de Doris S. Michaels Literary Agency, Inc., en la ciudad de Nueva York.

La gente trabajadora de Fox Business Advisors. que enseñan a hacer lluvia todos los días.

Gracias a Amazon por acercar más lectores a los escritores en el mundo, y en especial por acercar más escritores al proceso de publicación de libros.

Y, especialmente, a la fuente del Capítulo 32.

JEFFREY J. FOX

JEFFREY J. FOX

Jeffrey es un prestigioso consultor de organizaciones de primer nivel en todo el mundo. Es mentor de accionistas y altos ejecutivos.

Fox Business Advisors se dedica a ayudar a los clientes a aumentar los ingresos y los márgenes brutos. Ha escrito 14 libros considerados éxitos en ventas a nivel internacional, traducidos a 30 idiomas y bestsellers en muchos países. Efectúa seminarios y conferencias regularmente con organizaciones y fuerzas de ventas.

Antes de fundar Fox Business Advisors, Jeffrey ocupó puestos de responsabilidad en tres empresas de marketing industrial y de consumo masivo. Fue vicepresidente de marketing y vicepresidente corporativo de Loctite Corp., ahora Henkel / Loctite. Fue director de marketing de las divisiones de vinos de The Pillsbury Company. Fue Director de Nuevos Productos de Heublein, Inc., ahora Diageo. Las tres empresas se convirtieron en clientes de Fox Business Advisors.

Jeffrey es el ganador del "Premio al mejor vendedor" de la revista Sales & Marketing Management, también al "Mejor Vendedor en Connecticut" de la American Marketing Association y el premio de la Asociación Nacional de

Distribuidores como "Mejor vendedor" de Estados Unidos.

Sus libros son un caso de estudio de Harvard Business School y está categorizado como uno de los 100 mejores estudios de casos. Se estima que es el caso de marketing más enseñado en el mundo.

Jeffrey se graduó de Trinity College en Hartford, CT, donde fue becario del área del Capitolio. Obtuvo su MBA en la universidad de Harvard. Se ha desempeñado como fideicomisario electo de Trinity College, donde ha ganado varios premios de exalumnos, incluido Persona del año. Formó parte de la Junta Directiva del Hospital Saint Francis, uno de los 100 mejores hospitales de los Estados Unidos.

www.ingramcontent.com/pod-product-compliance
Lightning Source LLC
Chambersburg PA
CBHW052318220526
45472CB00001B/169